...STRATION MILITAIRE

USUEL

L. LAPENNE

ADMINISTRATION MILITAIRE

DOSSIERS USUELS

CONSTITUÉS

CONFORMÉMENT AUX INSTRUCTIONS MINISTÉRIELLES

par

ALBERT LAPENNE

OFFICIER D'ADMINISTRATION DU SERVICE D'ÉTAT-MAJOR

Officier d'Académie

CINQUIÈME ÉDITION

IMPRIMERIE PIERRE FORVEILLE - RODEZ

1914

DOSSIERS USUELS

CONSTITUÉS CONFORMÉMENT AUX INSTRUCTIONS MINISTÉRIELLES

MARIAGE DES OFFICIERS

(C. M. 1ᵉʳ octobre 1900. — Vol. 28)

Les officiers, jusqu'au grade de colonel inclusivement, qui désirent contracter mariage, doivent en demander l'autorisation, par la voie hiérarchique, au Général commandant le Corps d'armée de la Région territoriale dont dépend la localité où ils sont en garnison.

L'officier doit remettre à son chef de corps ou de service, une demande adressée au Général Commandant le Corps d'armée et un certificat constatant la situation et la réputation de la future ainsi que celle de ses parents.

Le chef de corps ou de service demande des renseignements à la gendarmerie du domicile de la future et transmet, avec son avis, le dossier constitué comme suit.

DOSSIER. — 1. Demande de l'officier (1).

2. Certificat constatant la situation et la réputation de la future ainsi que celle de ses parents (3).

3. Rapport de l'officier de gendarmerie.

NOTA. — Dans le mois de la célébration du mariage, les pièces ci-dessus, 1, 2, 3 (et autres s'il y a lieu) sont adressées au ministre avec le certificat de célébration de mariage du mod. prévu par la C. M. du 3 juillet 1840 et revêtu de la signature de tous les membres du Conseil d'administration (2).

Le Ministre statue en dernier ressort sur les demandes que les Généraux commandant les Corps d'Armée n'auraient pas cru devoir accorder.

---

(1) Si l'intéressé est en congé de 3 ans, il adresse sa demande au Général commandant la subdivision de sa résidence, qui la fait parvenir avec son avis au chef de corps de l'officier. (Art. 7 de la C. M. du 4 novembre 1902.) Dans les autres cas, il l'adresse par voie hiérarchique.

(2) C. M. du 22 novembre 1902. (V. 28.)

(3) Délivré par le maire du domicile et approuvé par le sous-préfet.

2. MARIAGE DES ÉLÈVES OFFICIERS

Les élèves officiers des écoles militaires sont traités, au point de vue du mariage, comme les officiers. — (C. M. 29 novembre 1912).

Il en est évidemment de même des sous-officiers candidats aux écoles d'élèves-officiers, dès que l'avis de leur admission à ces écoles a été publié au *Journal Officiel* et des sous-officiers inscrits au tableau d'avancement pour sous-lieutenant ou officier d'administration de 3ᵉ classe.

---

3. MARIAGE DES SOUS-OFFICIERS, CAPORAUX, BRIGADIERS ET SOLDATS
RENGAGÉS OU NON RENGAGÉS
(C. M. 7 Nov. 1900)

1° *Corps de Troupe*

Les sous-officiers, caporaux, brigadiers et soldats qui désirent contracter mariage, doivent demander l'autorisation, par la voie hiérarchique, au Conseil d'administration du corps où ils sont incorporés.

L'intéressé doit remettre à son commandant d'unité *une demande* adressée au chef de corps et *un certificat* du maire au sujet de la moralité de la future.

Le Conseil d'administration a qualité pour *accorder* l'autorisation ; mais il doit s'assurer, après enquête de la gendarmerie, que la future présente les garanties de moralité et possède des ressources suffisantes pour ne pas être à la charge du militaire qui désire l'épouser.

Dans le cas où le Conseil ne croirait pas devoir accorder (1) l'autorisation à un militaire ayant accompli la durée légale du service dans l'armée active, il serait tenu de *motiver son refus* et de soumettre tout le dossier au Général Commandant le Corps d'armée, chargé de statuer en dernier ressort.

---

(1) Il résulte de ce texte que le Conseil statue définitivement sur les demandes des hommes qui n'ont pas encore accompli la durée légale du service d'activité.

Après la célébration du mariage, l'intéressé doit fournir l'extrait du registre des actes de mariage le concernant ; cet extrait est conservé dans les archives du corps. (Art. 31 de l'Inst. Minist. du 8 juin 1911).

2° *Services administratifs*

Pour les Militaires des sections de C. O. A. ou des sections d'infirmiers les autorisations sont accordées par les Directeurs de l'Intendance ou de Santé. — (C. M. 12 juillet 1910).

Pour les adjudants d'administration du Génie, elles sont accordées par le Général Commandant le Génie de la Région. — (C. M. 12 juillet 1910).

Pour les militaires des sections d'E. M. et de Recrutement, par le Général Commandant le Corps d'armée. — (I. M. 16 août 1909, art. 23).

On opère pour tous ces militaires, dans la forme indiquée ci-dessus, au § 1er.

3° *Hommes du contingent appelé mais non encore incorporé*

Les hommes du contingent appelé en octobre qui désirent contracter mariage entre le 1er octobre et la date de leur incorporation effective, adressent leur demande au Recrutement de leur domicile. Procédure et dossier, comme ci-dessus § 1er, sauf que la demande est instruite par le Commandant de Recrutement et que l'autorisation est accordée par le Général commandant la subdivision. (C. M. 16 novembre 1905).

4. DEMANDES DIVERSES·

Lorsque les règlements indiquent le modèle des demandes ou propositions, l'établissement de ces pièces ne présente généralement aucune difficulté ; il suffit de se procurer une formule imprimée ou de l'établir à la main d'après le modèle donné. C'est le cas pour les changements de corps, les offres de démission, l'admission à la retraite, etc.

Dans le cas où aucun modèle n'est imposé, il convient de se conformer aux indications ci-après qui résultent du règlement et qui sont de pratique courante.

A la suite des nom, grade et affectation de son auteur, la demande doit mentionner le titre de l'autorité qui a qualité pour statuer, en précisant, le cas échéant, la direction et le bureau intéressés.

On doit aussi y faire figurer, soit en tête, avant la date, soit dans le texte, soit à la fin, l'indication des circulaires, notes ou instructions sur lesquelles la demande est basée. Exemple :

1er CORPS D'ARMÉE

1re DIVISION

1re BRIGADE

1er Régim' d'Infanterie

Demande de cession
de harnachement.

Application de la C. M. du 26 Août 1904.

A   le   1914.

Le Lieutenant colonel X... du 1er Rég
d'Infanterie à M. le Ministre de la Guerre
2e direction. — 2e bureau
Paris.

J'ai l'honneur de vous prier de vouloir bien autoriser le °régiment de dragons à me céder, contre remboursement, un harnachement de cavalerie de modèle ancien (selle complète 1861), pour l'usage de mon ordonnance.

Je me suis informé, au préalable, auprès du Colonel et il m'a été répondu que les approvisionnements de ce régiment comportaient encore des harnachements de ce modèle susceptibles d'être cédés dans les conditions de la C. M. visée ci-dessus.

X...

5. ECOLE DE GYMNASTIQUE ET D'ESCRIME
(I. M. 1er septembre 1912. — S. C. art. 204)

L'école de gymnastique et d'escrime reçoit des lieutenants, des sous-officiers, des brigadiers, des caporaux, des soldats-prévôts et des instituteurs.

CONDITIONS. — *Lieutenants* : Avoir moins de 35 ans, être bien noté, apte aux fonctions d'instructeur et très entraîné aux exercices du corps.

Sous-officiers : Avoir moins de 30 ans (1).

Caporaux et brigadiers . Avoir 8 mois de service à faire après la sortie de l'école. (1)

Prévôts : Pas de condition de service. (1).

Instituteurs : Pas de condition. Peuvent appartenir au service armé ou au service auxiliaire.

DOSSIER. — *A. Officiers.*

1. — Etat nominatif des Officiers désignés.
2. — Certificat médical pour chacun d'eux.

B. Sous-Officiers, Caporaux, Brigadiers désignés
  pour suivre les cours d'éducation physique (7)

1. Etat nominatif, feuille double formant bordereau.
2. Relevé des services.
3. Relevé des punitions.
4. Certificat médical constatant que le candidat n'a aucune des infirmités énumérées au § : « Conditions d'aptitude physique.
5. Demande écrite *pour les sous-officiers mariés seulement.*

---

(1) Avoir une bonne conduite, une tenue parfaite et l'aptitude physique exigée.

(7) Titre IV de l'Ins ., page 1578.

C. Maîtres d'escrime candidats à l'emploi d'adjudant.
(Art. 51).

1. Etat nominatif des candidats, feuille double (5).
2. Relevé des services.
3. Relevé des punitions.
4. Feuille de notes, modèle 3. (6).

*D. Prévôts d'escrime candidats au Concours d'admission
à l'Ecole de Joinville.* (Art. 48 et 49).

1. — Etat de proposition, modèle 25 du Service Courant (1)

Les candidats présentés, après le classement par le jury régional, sont dirigés sur Joinville pour le concours définitif d'admission qui a lieu le 12 ou le 13 octobre. Un mois avant cette date, il est fourni au Commandant de l'Ecole pour chacun de ces candidats : (2)

1. Etat nominatif feuille double, formant bordereau.
2. Relevé des services.
3. Relevé des punitions.
4. Certificat médical constatant que le candidat n'a aucune des infirmités énumérées au § « Conditions d'aptitude physique ».

E. Prévôts candidats au Brevet de Maître d'escrime
(Art. 50).

1. — Etat de proposition, modèle 25 du Service Courant (3)

Les candidats présentés après le classement par le jury régional, sont dirigés sur Joinville pour le concours définitif qui a lieu le 16 août. Pour chacun des candidats désignés, il est fourni au Commandant de l'Ecole avant le 10 août :

1. Liste nominative des candidats, feuille double.

----

(1) A fournir au Général commandant le Corps d'armée avant l'examen préliminaire des candidats par le jury régional ; cet examen a lieu dans la 1re quinzaine d'août.

(2) Titre 4 de l'Inst. (B. O. P., page 1578).

(3) A fournir au Général commandandant le Corps d'armée avant l'examen préliminaire des candidats par le jury régional. Cet examen a lieu fin juillet.

(5) Sur lequel le Général commandant le Corps d'armée mentionne son avis.

(6) B O. 1-9-12, page 1563.

2. Relevé des services.
3. Relevé des punitions.
4. Feuille de notes, modèle 3 (4).

F. Instituteurs.

L'Etat nominatif des instituteurs n'est accompagné d'aucune autre pièce.

NOTA — Pièces à adresser au Commandant de l'Ecole pour les militaires désignés pour suivre les cours. (Titre V de l'Inst.).

(OFFICIERS).

1. Livret matricule.
2. Certificat de cessation de paiement.

(TROUPE).

1. Livret matricule.
2. Plaque d'identité.
3. Inventaire des effets et armes emportés.
4. Certificat de cessation de paiement *pour les sous-officiers rengagés*.

G. DÉMISSION DES OFFICIERS DE L'ARMÉE ACTIVE.
(S. C. art. 249)

L'officier qui désire se démettre de son grade doit adresser à son chef de corps ou de service une offre de démission ainsi conçue

« *Je soussigné*, (le nom, le grade et le corps), *offre ma démission du grade qui m'a été conféré dans l'armée de terre ; déclare, en conséquence, renoncer volontairement et d'une manière absolue aux prérogatives attachées à ce grade et demande à me retirer dans mes foyers à... arrondissement d... département d...*
» A..., le... »

et faire connaître verbalement ou par écrit dans une lettre distincte, les raisons invoquées.

---

(4) B. O. 1-9-12, page 1565.

Dossier. — 1. Offre de démission.

2. Lettre du chef de corps faisant connaître les motifs qui déterminent l'officier à se retirer.

3. Rapport particulier, modèle 6 en *double* expédition. (1).

4. Déclaration d'option et de résidence. (1)

5. Etat des services. (2)

Nota — Si l'intéressé est en congé de 3 ans, il adresse sa demande au Général commandant la subdivision de sa résidence qui la fait parvenir avec son avis au chef de corps de l'officier. (Art. 7 de la C. M. du 4 novembre 1902).

7. DEMANDE D'ADMISSION A LA RÉSERVE SPÉCIALE.

(I. M. du 1er octobre 1911)

Les officiers désireux d'obtenir leur admission à la réserve spéciale doivent en faire la demande à leur chef de corps ou de service, pour le 15 mai et le 15 novembre. — Le chef de corps ou de service en donne récépissé, il établit un double de ce récépissé et le joint à la demande.

Conditions. — Les candidats doivent avoir accompli au 1er juin ou au 1er décembre, 12 ans de services effectifs dont 6 en qualité d'officier : ils sont astreints à une période d'instruction de 5 semaines tous les 2 ans jusqu'à 53 ans.

Solde, quel que soit le grade, à 12 ans de services, 1245 fr. ; à 20 ans, 1685 fr. ; à 25 ans, 1960 fr.

Dossier. — 1. Demande de l'officier, à remettre au chef de corps ou de service.

2. Récépissé signé du chef de corps.

3. Relevé des services, contresigné par l'intéressé.

---

(1) Art. 67 de l'Instruction Ministérielle du 2 février 1909. (Vol. 72). Dans la pratique, ces 4 pièces sont établies et transmises en même temps que les deux premières.

(2) Voir le modèle au numéro 40.

4. Copie des récépissés de demandes antérieures, s'il y a lieu.

5. Rapport particulier, modèle G, en *double* pour l'affectation dans la Réserve.

6. Déclaration d'option et de résidence, du modèle indiqué au n° 40.

---

8. NON ACTIVITÉ

Infirmités temporaires. (S. C. art. 256).

En principe, sont proposés pour la non activité, à titre d'infirmités temporaires, les officiers qui, ayant été pendant plus de 6 mois dans l'espace d'une année (*pendant plus de 12 mois consécutifs pour les officiers coloniaux*) sans faire leur service pour raisons de santé, ne sont pas en état de servir activement.

Lorsque l'intérêt du service l'exige, le Général de Brigade ou le Directeur du service propose, pour la non activité, tout officier qui lui est signalé comme étant hors d'état de faire son service pendant plus de 6 mois, alors même que cet officier n'aurait pas été malade, à l'hôpital, ou en congé pendant 6 mois.

DOSSIER. — 1. Rapport du Chef de corps.
2. Proposition à établir par le Général de brigade.
3. Certificat et procès-verbal d'examen.
4. Certificat et procès-verbal de vérification.

NOTA. — Les pièces 3 et 4 doivent être établies en double expédition dont une est adressée au Chef de corps ou de service sous les ordres desquels est placé l'officier intéressé.

Si l'officier est absent et réside sur le territoire d'un autre corps d'armée, le *rapport* du Chef de corps et la *proposition* à établir par le Général de brigade sont transmis au Ministre qui invite le Général commandant le Corps d'armée où se trouve l'officier absent à le faire examiner et à lui transmettre *directement* les certificats et procès- verbaux visés ci-dessus.

Si l'officier absent réside sur le territoire de son corps d'armée, il n'y a évidemment pas lieu d'en référer au Ministre.

Retrait ou suspension d'emploi. (S. C. art. 257).

1. Rapport du Chef de corps. (1)
2. Relevé des punitions. (1)
3. Relevé des services. (1)
4. Pièces visées dans le rapport, s'il en existe. (1)
5. Déclaration par laquelle l'officier reconnaît avoir reçu communication des notes de son dossier du personnel et *observations* qu'il croira devoir formuler, s'il y a lieu.
6. Dossier du personnel. (2)

NOTA. — Les dossiers de proposition de déplacement *d'office* sont constitués de la même manière.

9. CHANGEMENTS DE CORPS OU D'ARMES
(Art. 223. S. C.)

OFFICIERS

A. Changement de corps pour convenances personnelles. (4)

Les officiers qui désirent changer de corps pour convenances personnelles, doivent formuler leur demande sur un imprimé modèle 23 (3) de l'instruction

---

(1) Emargés par l'officier intéressé avec indication de la date de cet émargement (note circulaire n° 2235 k du 28 février 1908 et C. M. du 25 octobre 1908. — Dans le cas où l'intéressé serait absent ou refuserait de signer, il en serait rendu compte dans une note jointe au dossier.

(2) Est retourné au Chef de corps par le Général commandant le Corps d'armée.

(3) Modèle 35 pour la gendarmerie,

(4) Toutes les demandes, sans exception, doivent être transmises à toute époque de l'année, même lorsque l'officier n'a pas accompli le temps de présence exigé. Elles sont valables pour l'année courante et l'année portant e millésime suivant.

sur le service courant. Avoir soin de bien préciser le corps ou service et la garnison demandés.

B. *Changement de corps pour raisons de santé.* (2)

1. Demande, modèle 23, comme ci-dessus.
2. Certificat médical délivré par un médecin militaire.

C. *Changement de corps par permutation.*
(I. M. 23 octobre 1912).

Les permutations pour convenances personnelles, *entre officiers subalternes* de toutes armes, de corps de troupe différents, sont prononcées par le Général commandant le corps d'armée, si les deux officiers appartiennent à des corps placés sous son commandement.

Les permutations entre officiers subalternes n'appartenant pas au même corps d'armée et les permutations entre officiers supérieurs sont prononcées par le Ministre qui statue également sur les permutations *entre officiers de tous grades du Gouvernement militaire de Paris* pour les corps qui ne sont pas réunis en entier dans une même garnison.

DOSSIER. — 1. Demande modèle 23.

2. Certificat médical délivré par un médecin militaire, pour le cas où des raisons de santé seraient invoquées.

NOTA. — La demande de chaque officier doit porter l'avis des autorités hiérarchiques dont dépend le corps dans lequel il se trouve et de celles dont dépend le corps dans lequel il demande à passer. (C. M. 13 mai 1905, § F.)

---

(2) § 1, 2, 3 et 6 de la notice 5 du volume 80. — Dans ce cas, les officiers peuvent être exemptés du minimum de présence imposé.

10. PASSAGE DES OFFICIERS DES CORPS DE FRANCE DANS LES CORPS D'ALGÉRIE OU DE TUNISIE ET INVERSEMENT

(S. C. art. 232)

Les officiers comptant 6 ans consécutifs de séjour en Afrique, comme officier, et ceux qui, n'ayant pas 6 ans, seraient dans un état de santé exigeant cette mesure, peuvent être autorisés à rentrer en France par mutation avec la mention *service*.

DOSSIER. — 1. Etat nominatif, modèle 20.

2. Demande motivée, à remettre au chef de corps dans les premiers jours de juillet. (2)

3. Relevé des notes des deux derniers semestres.

4 Certificat médical, pour les officiers qui demandent à rentrer en France avant d'avoir 6 ans de séjour en Afrique. (1)

11. PERMUTATIONS ENTRE LES OFFICIERS DES TROUPES COLONIALES ET LES OFFICIERS DES TROUPES MÉTROPOLITAINES.

(S. C. art. 231)

Les officiers d'infanterie et d'artillerie qui désirent passer des troupes métropolitaines aux troupes coloniales et réciproquement, doivent remettre à leur chef de corps une demande adressée au Ministre à toute époque de l'année.

Ces demandes ne doivent jamais contenir l'indication nominative d'un co-permutant ; elles doivent mentionner pour l'officier colonial le maximum d'ancienneté qu'il consent à perdre.

DOSSSIER. — 1. Etat de proposition modèle 22.

2 Demande de l'officier.

3. Certificat médical.

---

(1) Ce certificat doit indiquer la région où l'officier doit être envoyé de préférence.

(2) Doit parvenir au Ministre le 1er août.

12. PROPOSITIONS POUR L'INTENDANCE.

(Art. 146. S. C.)

1° *Troupes métropolitaines.*

Les capitaines et les officiers d'administration de 1re classe peuvent demander à prendre part au concours pour adjoint à l'Intendance ; leur demande, revêtue de l'avis des autorités hiérarchiques et accompagnée de la copie *complète* de leur dossier du personnel, doit parvenir au Général commandant le Corps d'Armée pour le 1er juin.

CONDITIONS. — Les candidats doivent avoir 2 ans de grade et 11 ans de services d'officier, au 31 décembre de l'année pendant laquelle commence le concours ; ils peuvent se présenter au maximum trois fois.

DOSSIER. — 1. Demande de l'intéressé.
2. Copie complète du dossier du personnel.
3. Etat de présentation modèle 48, établi à l'Etat-Major du Corps d'Armée.

DATE D'ARRIVÉE AU MINISTÈRE. — 15 juin.

PROGRAMME. — Voir Instruction détaillée au vol. 64, I. M. du 13 mai 1905.

2° *Troupes Coloniales*

Peuvent concourir pour adjoint à l'Intendance des troupes coloniales, les capitaines et les officiers d'administration de 1re classe des services coloniaux (intendance-santé-artillerie) comptant au moins un an de grade au 1er janvier de l'année du concours.

Même dossier que ci-dessus, à fournir au Ministre, pour le 10 mai, par le Général commandant le Corps d'Armée colonial avec l'avis du Directeur de l'Intendance de ce Corps d'Armée.

13. PROPOSITIONS
POUR LE CORPS DU CONTROLE
(Art. 145. S. C.)

Les capitaines et les officiers supérieurs de toutes armes des troupes métropolitaines et coloniales, ainsi que les sous-intendants militaires, peuvent demander à prendre part au concours pour être admis dans le corps du contrôle de l'Administration de l'Armée.

Grade avec lequel les candidats peuvent être admis.

Capitaines, chefs de bataillon et sous-intendants de 3e classe. / Contrôleur adjoint.

Lieutenants-colonels et sous-intendants de 2e cl. / Contrôleur de 2e cl.

Conditions.

Capitaines : Avoir 4 ans de grade au 1er juillet de l'année du concours et figurer à cette date dans la 1re moitié de la liste d'ancienneté.

Officiers supérieurs : 2 ans de grade.

PROGRAMME. — Les détails du concours et le programme figurent dans l'I. M. du 29 Avril 1901, Vol. 64.

DOSSIER. — 1. Demande de l'intéressé, à remettre le 1er octobre au plus tard, au chef de corps ou de service.

2. Mémoire de proposition, modèle 22.

Ce dossier doit parvenir au Ministre le 15 octobre, par la voie hiérarchique.

14. PROPOSITIONS POUR LE SERVICE DU RECRUTEMENT
(Art. 147. S. C. I. M. juin 1910)

Les officiers de toutes armes du grade de chef de Bataillon ou de Capitaine peuvent être proposés pour le Service du Recrutement après constatation de leur aptitude par une commission qui se réunit chaque année, avant le 15 août, au chef-lieu du Corps d'Armée.

CONDITIONS. — Etre âgé de moins de 52 ans, au 31 décembre de l'année courante, pour les commandants, et de moins de 48 ans pour les capitaines.

EXAMEN. — L'examen comporte une épreuve écrite sur une question de Recrutement ou de Mobilisation et des interrogations sur le fonctionnement du Service du Recrutement et sur la Comptabilité intérieure des corps de troupe, d'après le programme inséré au Volume 68-6, annexe III.

DOSSIER (3). — 1. Demande de l'officier (1).
2. Etat de proposition, mod. 29.
3. Extrait du feuillet du personnel remontant à 4 ans.
4. Procès-verbal de la Commission d'examen (2).
5. Composition écrite des candidats (2).

Les candidats admis à l'examen accomplissent un stage dans un bureau de recrutement ; à la suite de ce stage, qui est de 3 mois pour les officiers supérieurs, ceux-ci sont l'objet d'un rapport établi par le Général commandant la subdivision. Le stage des capitaines se prolonge jusqu'au moment où ils sont nommés à un emploi dans le Recrutement.

Les propositions doivent être renouvelées chaque

(1) A remettre dans le courant de juillet au chef de corps ou de service.
(2) A joindre aux autres pièces par la Commission d'examen.
(3) Pour le 1er septembre au Ministre.

année, mais les candidats qui ont obtenu la mention B. ou T. B., sont dispensés de l'examen.

Les chefs de Bataillon peuvent être maintenus en service après leur admission à la retraite jusqu'à 63 ans, les capitaines jusqu'à 60 ans.

NOTA. — Les chefs de Bataillon et les Capitaines des troupes coloniales sont proposés dans les mêmes conditions.

---

15. PROPOSITIONS POUR COMMANDANT OU ADJOINT AU COMMANDANT DES ETABLISSEMENTS PENITENTIAIRES.
(S. C. art. 150)

Les commandants des Etablissements pénitentiaires sont recrutés parmi les chefs de Bataillon et les capitaines en activité ou en retraite.

Les adjoints au Commandant de ces Etablissements sont recrutés parmi les lieutenants et capitaines également en activité ou en retraite.

Les nominations sont faites par le Ministre, sur le vu des propositions établies dans la forme ci-après ; les demandes sont transmises à toute époque de l'année. Les candidats nommés sont placés hors cadre.

1re PROPOSITION

Officiers en activité

DOSSIER. — 1. Demande de l'officier, adressée au Ministre par la voie hiérarchique.

2. Mémoire de proposition, modèle 22.

3. Relevé des services.

4. Copie du feuillet du personnel.

Officiers retraités

DOSSIER. — 1. Demande de l'officier adressée au Général commandant la subdivision.

2. Mémoire de proposition, modèle 22.

3. Relevé des services.

4. Copie du feuillet du personnel.

5. Rapport particulier du modèle donné par la circulaire ministérielle du 4 mars 1896.

PROPOSITION RENOUVELÉE (1).

Officiers en activité

DOSSIER. — 1. Demande de l'officier.

2. Supplément au feuillet du personnel déjà fourni et contenant les seules inscriptions faites depuis la dernière proposition.

3. Mémoire de proposition, modèle 22,

Officiers retraités

DOSSIER. — 1. Demande de l'officier.

2. Mémoire de proposition, modèle 22.

3. Rapport particulier relatant les changements qui se sont produits depuis la dernière proposition.

16. PROPOSITIONS POUR LE SERVICE DE LA JUSTICE MILITAIRE.
(S. C. art. 148)

Les Commissaires du Gouvernement et les Rapporteurs près les Conseils de Guerre sont recrutés parmi les officiers en activité, ou en retraite, des catégories ci-après : Officiers supérieurs, sous-intendants, capitaines et adjoints à l'intendance.

Les capitaines et adjoints à l'intendance ne peuvent être proposés que pour les emplois de rapporteur.

---

(1) Les propositions non renouvelées en fin d'année sont annulées et l'avis de ce renouvellement doit parvenir au Ministre avant le 1er janvier de chaque année. Toutefois les candidats inscrits depuis moins de 3 mois ne sont pas astreints à ce renouvellement.

Ire PROPOSITION

Officiers retraités

DOSSIER : 1. Demande de l'officier.
2. Relevé des services.
3 Copie du feuillet du personnel.
4. Rapport particulier, modèle 51.

Officiers en activité

DOSSIER. — 1. Mémoire de proposition, modèle 22 (1)
2. Relevé des services.
3. Copie du feuillet du personnel.
4. Demande de l'officier, sauf en cas de proposition d'office.

PROPOSITION RENOUVELÉE (2)

Officiers retraités

DOSSIER. — 1. Demande de l'officier.
2 Rapport particulier, modèle 51 relatant les changements qui se sont produits dans la situation de l'intéressé depuis la dernière proposition.

Officiers en activité

DOSSIER. — 1. Demande de l'officier.
2. Supplément au feuillet du personnel déjà fourni et contenant les seules inscriptions faites depuis la dernière proposition.
3. Mémoire de proposition, modèle 22.

---

(1) Les dossiers sont transmis au Ministre avec une liste de présentation établie au Corps d'armée.
(2) Les propositions non renouvelées en fin d'année sont annulées et l'avis de ce renouvellement doit parvenir au Ministre avant le 1er janvier de chaque année. Toutefois les candidats inscrits depuis moins de 3 mois ne sont pas astreints à ce renouvellement.

17. OFFICIERS PROPOSÉS POUR LA GENDARMERIE

(S. C. art. 181)

Les capitaines et les lieutenants peuvent être admis à passer, avec leur grade, dans la gendarmerie, après constatation de leur aptitude au service de cette arme ; l'examen comporte des épreuves écrites, au chef-lieu du corps d'armée et des interrogations devant une commission qui se réunit à Paris.

Ces épreuves et interrogations sont tirées du programme qui fait l'objet de l'instruction ministérielle du 9 novembre 1913

CONDITIONS. — 1° *Capitaines*, avoir moins de 43 ans au 31 décembre de l'année qui suit celle de la proposition et 11 ans de grade d'officier au 31 décembre de l'année courante.

2° *Lieutenants*, avoir moins de 36 ans au 31 décembre de l'année qui suit celle de la proposition.

DOSSIER. — 1. Etat de proposition, modèle 22.
2. Acte de naissance.
3. Copie *complète* du feuillet du personnel. (1)
4. Demande de l'officier.
5. Certificat médical.
6. Relevé des services.

Le dossier devant parvenir au Ministre pour le 1er juin, les intéressés doivent remettre leur demande à leur chef de corps dans les premiers jours de mai.

---

(1) Y compris les notes du 1er semestre de l'année de la proposition (D. M. 2190 3/2 du 31/3 1910). Les notes données doivent porter spécialement sur l'aptitude physique, le zèle, le tact, le dévouement et la maturité de caractère du candidat.

18. OFFICIERS PROPOSÉS POUR LES SAPEURS POMPIERS DE PARIS

(S. C. art. 185)

Les officiers qui demandent à passer au Régiment des Sapeurs Pompiers de Paris doivent satisfaire à un examen d'aptitude d'après le programme du 16 février 1913. (Vol. 63).

CONDITIONS. — Ne pas avoir plus de 28 ans pour les sous-lieutenants, 30 ans pour les lieutenants, 38 ans pour les capitaines ; en outre les lieutenants ne doivent pas avoir plus de 2 ans de grade au moment de la proposition.

DOSSIER. — 1. Etat de proposition, modèle 22.

2. Demande de l'officier.

3. Relevé des services.

4. Extrait du feuillet du personnel depuis 3 ans.

NOTA. — Les dossiers devant parvenir au Ministre pour le 1ᵉʳ août, les candidats doivent remettre leur demande à leur chef de corps dans les premiers jours de juillet ; ceux dont la candidature a été acceptée sont convoqués à Paris pour subir l'examen.

La demande doit être renouvelée chaque année à la même date, mais dans ce cas il n'y a pas lieu de reproduire les pièces 3 et 4.

19. AFFAIRES INDIGÈNES (ALGÉRIE, TUNISIE, MAROC).

(C. M. 9 septembre 1913)

Ce service comprend des officiers supérieurs, des capitaines et des lieutenants recrutés comme suit :

A. — Ceux de ces officiers qui ont déjà appartenu à ce service peuvent y être réaffectés sur leur demande directement.

CONDITIONS. — Etre bien noté, apte à ce service spécial et avoir accompli le temps de commandement imposé dans leur grade (Lieutenant-colonel excepté).

DOSSIER. — 1. Demande de l'officier.

2. Etat de proposition, modèle 22.

3. Extrait du feuillet du personnel remontant à 3 années.

4 Relevé des services.

NOTA. — L'état de proposition doit mentionner si l'officier est célibataire, marié, le nombre de ses enfants, etc... Le dossier doit parvenir au Ministre par la voie hiérarchique le 1er janvier et le 1er juillet ; il n'est valable que pour la période de 6 mois qui s'écoule entre ces deux dates ; il est considéré comme annulé s'il n'est pas renouvelé et sauf exception, il ne peut l'être que 3 fois.

Pour les officiers inscrits sur la liste d'aptitude et dont la situation de famille ou la manière de servir n'a pas changé, la demande de renouvellement et l'état de proposition sont seuls exigés.

B. — Les lieutenants qui n'ont pas encore appartenu à ce service doivent en principe être proposés pour suivre le cours préparatoire organisé à Alger. (D. M. manuscrite du 14 Avril 1913, n° 713 9/11.)

CONDITIONS. — Etre bien noté, apte à ce service spécial et avoir au moins 3 ans d'officier dans un corps de troupe au moment de la proposition.

DOSSIER. — Comme ci-dessus aux §§ *Dossier* et *Nota*, sauf que la proposition doit parvenir au Ministre pour le 1er juillet et qu'elle doit être renouvelée chaque année.

20. OFFICIERS CANDIDATS A L'ÉCOLE DE GUERRE.

(I. M. 5 mars 1912)

Le concours pour l'admission à l'Ecole supérieure de Guerre comprend deux séries d'épreuves écrites (éliminatoires) qui sont passées au chef-lieu du corps d'armée, des épreuves orales et des épreuves d'équitation qui sont passées à Paris.

CONDITIONS. — Les candidats doivent avoir : au 1er octobre de l'année de l'entrée à l'école, 5 ans de grade d'officier ; au 1er février de la même année, 3 ans de service d'officier dans les corps de troupe et ne pas être âgés de plus de 37 ans au 1er octobre. Ils doivent faire connaître à leur chef de corps, avant le 25 mai de l'année qui précède celle de l'entrée à l'école, leur intention de prendre part au concours.

DOSSIER A ÉTABLIR OU A TRANSMETTRE PAR LES CHEFS DE CORPS. (5)

A. Liste nominative des candidats du corps ou service. (1)

B. 1. Etat nominatif des candidats. (2)
2. Demande de l'intéressé. (adressée au Ministre)
3. Etat des services.
4. Etat des notes particulières. (3)

C. Copie *in extenso* du dossier du personnel. (4)

---

(1) A fournir pour le 1er juin au Général commandant le Corps d'armée. (Modèle quelconque.)

(2) Un par corps ou service, à fournir pour le 15 juillet au Général commandant le Corps d'armée.

(3) Du modèle annexé à l'Instruction ministérielle. Pour les candidats qui ont, au 15 juillet, moins d'un an de présence dans le corps ou service où ils se trouvent, l'avis de l'ancien chef de corps ou de service est exigé.

(4) A adresser directement au Général commandant l'Ecole supérieure de guerre par le Chef de corps, pour les candidats *admissibles*. (Art. 5 de l'Inst.)

(5) Doit parvenir le 1er août au Ministre.

21. BREVET D'ÉTAT MAJOR.
(I. M. 5 mars 1912)

Les officiers supérieurs et les capitaines qui, au 1er octobre de l'année du concours, ont dépassé d'au moins deux ans l'âge de 37 ans fixé comme limite supérieure pour l'admission à l'Ecole de Guerre, peuvent demander à concourir pour l'obtention du Brevet d'Etat Major.

L'examen comporte des épreuves écrites, des épreuves orales et des épreuves d'équitation.

DOSSIER. — 1. Demande de l'intéressé (adressée au Ministre.)

2. Etat des services.

3. Rapport particulier du modèle annexé à l'Instruction ministérielle.

4. Extrait du dossier du personnel ; l'Instruction ne fixant pas la période que doit embrasser cet extrait, il est d'usage de mentionner les 4 dernières années *in-extenso,* précédées d'un résumé des notes antérieures.

Ce dossier doit parvenir au Ministre le 10 juillet au plus tard. (D. M. 1292 du 1er juillet 1912.)

---

22 PROPOSITIONS POUR LE SERVICE GÉOGRAPHIQUE

A. — *Officiers (Troupes métropolitaines).*
(I. M. 4 novembre 1913. — S. C. 142)

Des Officiers du grade de capitaine et de lieutenant sont détachés tous les ans dans le service géographique, pour être employés à titre temporaire au levé et à la revision des cartes en France ou dans l'Afrique du Nord.

Toutes les demandes doivent être transmises au Ministre ; à défaut, les chefs de corps de toutes armes doivent proposer d'office l'officier le plus apte parmi ceux qui n'ont pas encore été employés dans ce service.

CONDITIONS A REMPLIR. — Etre en situation de participer aux travaux du service géographique pendant plusieurs années consécutives ; être vigoureux, bon dessinateur, doué d'une bonne vue et bien noté sous tous les rapports.

DOSSIER. — 1. Demande de l'officier (1) (4).

2. Copie du dernier relevé de notes, modèle E.

3. Appréciation des autorités hiérarchiques sur l'aptitude du candidat.

4. Dessin topographique à la plume au 50.000°, avec courbes ou hachures (2).

5. Consentement à être changé de corps d'armée (3).

6. Etat de propositions. Modèle 22 (4).

DATE D'ENVOI. — Ces propositions sont généralement fournies fin décembre, pour l'année suivante.

B. — Officiers (Troupes coloniales).
(I. M. 20 mai 1901)

Des capitaines et lieutenants des troupes coloniales peuvent être proposés, *autant que possible sur leur demande*, pour être employés dans le service géographique. Ils sont choisis parmi les capitaines ayant moins de deux ans d'ancienneté de grade et parmi les lieutenants ayant au moins une campagne coloniale ; les uns et les autres doivent, en outre, réunir moins de 12 mois de présence en France, à compter de leur dernier débarquement.

DOSSIER. — 1. Demande de l'officier.

2. Etat de notes détaillées (Vue, constitution, santé, aptitudes au dessin et connaissances mathématiques, qualités de tact, d'ordre, de conscience, etc., travaux topographiques déjà exécutés.)

3. Dessin topographique à la plume.

4. Etat de propositions, modèle du 20 mai 1901.

DATE D'ENVOI. — Fin décembre, comme pour les troupes métropolitaines.

---

(1) Indiquant ses préférences pour les diverses Sections du Service géographique.

(2) Certifié par le Chef de corps.

(3) Pour les Officiers des 2e, 6e, 7e, 20e, 21e Corps dans le cas où cette mesure serait jugée indispensable.

(4) Indiquer, à défaut de demande, que la proposition est faite d'office.

C. — Sous-Officiers.

(C. M. 4 novembre 1913)

Des sous-officiers rengagés sont détachés tous les ans dans le service géographique et employés pendant une période de neuf mois au plus, à l'exécution de travaux topographiques.

Les chefs de corps de toutes armes doivent faire parvenir au Ministre l'état de proposition des sous-officiers qui demandent à être employés pour la première fois dans le service géographique. A défaut de demandes, ils doivent proposer d'office le plus apte de ceux qui n'ont pas encore été employés dans ce service.

CONDITIONS A REMPLIR. — Avoir au moins trois ans de services et au plus six ans, de manière à pouvoir participer aux travaux du S. G. pendant plusieurs années consécutives. Etre vigoureux, bon dessinateur, avoir une bonne vue et une excellente conduite.

DOSSIER. — 1. Etat de propositions, modèle 25, indiquant si le candidat est proposé d'office ou sur sa demande.

2. Relevé des services, indiquant la date de l'expiration du rengagement en cours et si ce rengagement est susceptible d'être renouvelé.

3. Relevé des punitions.

4. Spécimen d'écriture (la demande de l'intéressé peut en tenir lieu.)

5. Dessin topographique à l'encre au 10 ou 20.000ᵉ, d'environ 15 sur 20, certifié par le chef de corps.

6. Consentement à être remis sergent ou maréchal des logis (1).

7. Consentement à être changé de corps d'armée (2).

8. Appréciation du chef de corps sur l'aptitude du candidat.

---

(1) Pour les sergents-majors et maréchaux-des-logis-chefs, dans le cas où cette mesure serait jugée indispensable.

(2) Pour les sous-officiers des 2ᵉ, 6ᵉ, 7ᵉ, 20ᵉ et 21ᵉ corps d'armée, dans le cas où cette mesure serait jugée indispensable.

23. CHANGEMENT DE CORPS OU D'ARMES,

SOUS-OFFICIERS RENGAGÉS OU COMMISSSIONNÉS

Les sous-officiers rengagés ou commissionnés qui désirent changer de corps ou d'arme doivent remettre, à leur commandant d'unité une demande motivée qui est transmise au chef de corps par l'intermédiaire et avec l'avis des autorités hiérarchiques. Le chef de corps fait compléter le dossier et le transmet à l'autorité, qui a qualité pour statuer.

DOSSIER. — *Changement de corps pour convenances personnelles* (1).
(S. C. art. 224)

1. Mémoire de proposition, modèle 24.
2 Demande de l'intéressé.
3. Consentement du chef de corps auquel il appartient.
4. Relevé des services.
5. Relevé des punitions.
6. Certificat du chef de corps dans lequel le sous-officier désire passer, constatant que le complet des rengagés n'est pas atteint.

Changement de corps par permutation (1).
(S. C. art. 224)

1. Mémoire de proposition, modèle 24. (2).
2. Demande des intéressés.
3. Consentement des deux chefs de corps.
4 Relevé des services.
5. Relevé des punitions.

---

(1) Lorsque la mutation a pour objet un changement de corps dans la même brigade, le Général de brigade statue. La décision est prise par le Général de division pour les mutations entre les brigades d'une même division. Dans les autres cas, la décision revient au Général commandant le Corps d'armée ; mais, si les deux Sous-Officiers n'appartiennent pas au même Corps d'armée, il doit y avoir accord entre les deux Chefs de Corps d'armée, sinon le dossier est soumis à la décision du Ministre.

(2) Portant l'avis des Généraux sous les ordres desquels les intéressés demandent à être placés. § f de la circulaire ministérielle du 13 mai 1905. Vol. 22, p. 188.

24. PERMUTATIONS ENTRE LES SOUS-OFFICIERS DES TROUPES COLONIALES ET LES SOUS-OFFICIERS DES TROUPES MÉTROPOLITAINES.

(S. C. art. 231)

Les sous-officiers qui désirent passer des troupes métropolitaines aux troupes coloniales et réciproquement doivent remettre a leur commandant d'unité une demande adressée au Ministre.

Ces demandes sont valables pour l'année en cours et pour l'année portant le millésime suivant ; elles doivent contenir, pour les sous-officiers mariés des troupes métropolitaines, l'engagement de ne pas emmener la famille aux colonies.

DOSSIER. — 1. Etat de proposition, modèle 25 ;
2. Demande de l'intéressé ;
3. Certificat d'aptitude physique.

25. SOUS-OFFICIERS CANDIDATS A DES EMPLOIS DE LA JUSTICE MILITAIRE.

(S. C. art. 151 et I M. du 30 Décembre 1910).

Les sous-officiers qui désirent prendre part au concours d'admission aux emplois de la justice militaire, doivent remettre à leur commandant d'unité une demande qui est transmise au chef de corps par l'intermédiaire et avec l'avis des autorités hiérarchiques.

1° Candidats à l'emploi de surveillant des Etablissements pénitentiaires

CONDITIONS. — Etre sous-officier rengagé, avoir au 31 décembre de l'année du concours 25 ans au moins, 35 ans au plus, et 3 ans de grade de sous-officier.

---

(1) Adressée au Général commandant la subdivision pour les candidats libérés.

(2) Les candidats sont notes par les différentes autorités hiérarchiques, au point de vue du caractère, de la moralité et de l'énergie. Ces notes sont résumées à chaque échelon par une cote numérique unique de 0 à 20.

DOSSIER. — 1. Demande de l'intéressé (1).

2. Copie de l'acte de naissance. papier libre.

3. Mémoire de proposition, modèle 53.

4. Etat nominatif, modèle 52 (2).

5. Relevé des services.

6. Relevé des punitions.

7 Extrait du casier judiciaire, bulletin n° 2 (3).

8. Certificat médical constatant l'aptitude à servir en Algérie ou en Tunisie.

9. Certificat de bonne vie et mœurs (4).

10 Rapport de la Gendarmerie sur la situation, la conduite, la moralité, l'énergie, le caractère et les antécédents du candidat (4).

NOTA. — Après l'examen, il est établi pour chaque candidat un procès-verbal sur feuille double, formant chemise, qui renferme les épreuves corrigées et notées.

Les propositions sont à renouveler chaque année et l'avis de ce renouvellement doit parvenir au Ministre avant le 1er Janvier.

2° *Candidats à l'emploi d'Adjudant Commis-Greffier dans les Tribunaux Militaires* (3) (5).

Même dossier que ci-dessus pour les pièces de 1 à 8 inclus et seulement pour les candidats en activité de service. Limite d'âge : 40 ans.

Mêmes dispositions pour le P. V. d'examen et pour le renouvellement des propositions.

NOTA. — Les gendarmes provenant des sous-officiers peuvent concourir pour ces deux emplois.

---

(1) Adressée aux Général commandant la Subdivision pour les candidats libérés.

(2) Les candidats sont notés par les différentes autorités hiérarchiques, au point de vue du caractère, de la moralité et de l'énergie. Ces notes sont résumées à chaque échelon par une cote numérique unique de 0 à 20.

(3) Si le candidat est marié, extrait du casier judiciaire de sa femme.

(4) Pour les Sous-Officiers libérés, *seulement*.

(5) Les candidats sont notés au point de vue de l'éducation, du caractère et de la conduite ainsi qu'au point de vue militaire. Ces notes sont résumées à chaque échelon par une cote numérique de 0 à 20.

Si le candidat est marié, les notes doivent faire ressortir la situation sociale, la manière de vivre et l'éducation de sa femme.

26. PROPOSITIONS POUR CHEF ET POUR SOUS-CHEF DE MUSIQUE

(S. C. art. 153 et I. M. 14 février 1903)

DIPSOSITIONS COMMUNES. — Les propositions pour chef et pour sous-chef de musique sont établies tous les ans sur la demande des candidats.

Les intéressés doivent satisfaire aux épreuves éliminatoires qui sont subies au chef-lieu du corps d'armée et aux épreuves du concours qui a lieu à Paris, vers le mois de Mars ou d'Avril, d'après le programme inséré à la suite de l'I. M. du 14 Février 1903.

CONDITIONS. .. 1° pour chef de Musique : 2 ans de fonctions au 31 Décembre de l'année du concours
2° pour sous-chef : 1 an de service.

DOSSIER à fournir au Ministre pour le 1er Novembre :

1° *Pour chef de Musique.*

1. Mémoire de proposition modèle 30. Faisant connaître l'instrument dont joue le candidat.
2. Demande du candidat.
3. Relevé des services.
4. Relevé des punitions.

2° *Pour sous-chef*

1, 2, 3, 4. Comme ci-dessus.
5. Dictée faite en présence du Directeur des écoles, certifiée par lui.

27. SOUS-OFFICIERS CANDIDATS AU SERVICE DU RECRUTEMENT.

(S. c. art. 188. I. M. du 16 août 1909)

Les sous-officiers rengagés des corps de troupe de toutes armes peuvent demander les emplois de sergent des bureaux de recrutement.

CONDITIONS. — Posséder une bonne écriture et une bonne instruction primaire, connaître le tracé des états et la loi de recrutement ; justifier de ces connaissances par un examen devant un commandant de recrutement ; être de très bonne moralité.

DOSSIER. — Les candidats doivent remettre à leur commandant d'unité une demande qui est transmise au Général commandant le corps d'armée, par la voie hiérarchique.

1. Etat, modèle 25.
2. Demande de l'intéressé.
3. Relevé des services.
4. Relevé des punitions.
5. Certificat d'aptitude délivré par le commandant de Recrutement.
6. Compositions du candidat.

NOTA. — Les sous-officiers admis accomplissent, dans un bureau de Recrutement, un stage de 3 mois à la suite duquel ils sont l'objet d'un rapport qui est adressé au Général commandant le corps d'armée pour être joint à leur dossier.

28. CHANGEMENT DE CORPS OU D'ARMES

HOMMES DE TROUPE

Les Militaires désignés ci-dessus qui désirent changer de corps ou d'armée et qui ne sont pas proposés d'office, doivent remettre à leur commandant d'unité une demande motivée qui est transmise au chef de corps par l'intermédiaire et avec l'avis des autorités hiérarchiques. — Le chef de corps fait compléter le dossier et le transmet à l'autorité qui a qualité pour statuer (3). (S. C. art. 236).

(3) Sauf pour quelques cas particuliers réservés à la décision du Ministre (sapeurs-pompiers, ouvriers spécialistes, etc.), la mutation est prononcée par le Général commandant le corps d'armée sous les ordres duquel sert le militaire proposé.

DOSSIER

A. *Changement de corps pour convenances personnelles* (3).

1. Etat de proposition, modèle 24.
2. Demande de l'intéressé (1).
3. Consentement des deux chefs de corps (2).
4. Relevé des services.
5. Relevé des punitions.
6. Si le militaire est gradé, certificat du chef de corps dans lequel il désire passer, constatant qu'il lui est réservé un emploi vacant de son grade ; à défaut de ce certificat, l'intéressé doit déclarer qu'il consent à rendre ses galons.
7. Enquête sur la situation de famille, pour les militaires mariés entre le 15 août et l'appel de la classe ; ces militaires ne sont tenus à aucun minimum de présence au corps. D. M. 2459'D du 16-12-1911.

B. *Changement de corps pour raisons de santé* (3)

1. Etat de proposition, modèle 24.
2. Demande de l'intéressé, sauf en cas de proposition d'office.
3. Certificat de visite et de contre-visite.

C. *Changement d'armes pour convenances personnelles* (3).

1. Etat de proposition, modèle 24.
2. Demande de l'intéressé (4).
3. Consentement des deux chefs de corps (2).

---

(1) Celui-ci doit avoir au moins 5 mois de présence au corps et 6 mois de service à accomplir ; il doit posséder les ressources nécessaires à son déplacement et mentionner le fait dans sa demande.

(2) Approuvé soit par le Général commandant la subdivision si l'homme demande à passer dans un régiment stationné dans la subdivision où il était domicilié avant son incorporation, soit par le Gouverneur militaire de Paris ou de Lyon si l'homme qui demande à passer dans un régiment du Gouvernement militaire de Paris ou du département du Rhône était domicilié ou en résidence dans ce gouvernement ou ce département.

(3) Voir note 3 page 32.

(4) Celui-ci doit posséder les ressources nécessaires à son déplacement et mentionner le fait dans sa demande.

4. Relevé des services.

5. Relevé des punitions.

6. Certificat médical constatant que l'intéressé possède l'aptitude physique exigée.

7. Certificat d'aptitude professionnelle, pour le cas seulement où l'homme demande à passer dans une compagnie d'ouvriers d'artillerie.

8. Demande d'abandon de galons *si le militaire est gradé.*

D. *Changements d'armes pour inaptitude physique*
(S. c. art. 247 et I. M. du 21 janvier 1910, art. 3 et 62)

Les changements d'armes pour inaptitude physique sont prononcés par les Généraux commandant les corps d'armée, sur la proposition des commissions de réforme.

DOSSIER. — 1. Etat de proposition, modèle 24.

2. Relevé des services.

3. Extrait du procès-verbal de la Commission de réforme.

4. Certificat d'aptitude professionnelle, *si l'homme est proposé pour passer dans une section de commis et ouvriers.*

5. Demande d'abandon de galons, *si le militaire est gradé.*

NOTA. — Pour qu'une mesure semblable puisse être proposée à l'égard d'un gradé, il est évidemment indispensable que l'intéressé soit consentant, par analogie avec les dispositions prévues à l'art. 61 de l'Inst. du 21 janvier 1910 précitée.

E. *Permutation entre sous-officiers, caporaux, brigadiers et soldats.* (S. C. art. 237).

Mêmes pièces que celles énumérées au § A. sous les numéros 1, 2, 3, 4 et 5 et mêmes conditions en ce qui concerne les frais du déplacement et, s'il y a lieu, l'approbation du consentement ; même procédure pour la remise et la transmission de la demande.

La décision est prise par celui des deux généraux

commandants de corps d'armée à qui les pièces concernant les deux intéressés ont été adressées : elle est réservée au Ministre pour certains cas particuliers (Sapeurs pompiers, ouvriers d'artillerie, etc.).

F. Changement de corps ou d'arme par mesure de discipline.
(S. C. art. 240.)

Les hommes qui, à plusieurs reprises, se sont rendus coupables de fautes graves, paraissant imputables à leur séjour dans la région, peuvent être proposés pour un changement d'office.

Cette mesure est applicable aux hommes qui ont bénéficié d'une affectation spéciale, en raison de leur situation de famille ou de leur qualité d'engagé, de breveté, et qui ne se montreraient pas dignes de cette faveur.

DOSSIER (1). — 1. Mémoire de proposition, modèle 24.

2. Relevé des services.

3. Relevé des punitions.

4. Certificat d'aptitude physique, pour le cas de proposition de *changement d'armes seulement*.

5. Rapport faisant ressortir la nécessité de la mutation demandée (établi par le commandant d'unité, et transmis par l'intermédiaire et avec l'avis des autorités hiérarchiques).

NOTA. — Le Général commandant le corps d'armée statue pour les mutations dans l'intérieur de son corps d'armée. Dans le cas contraire, la décision est réservée au Ministre.

G. Changement de corps des ordonnances.
(S. C. art. 238 et I. M. 9 août 1911, annexe 2.)

Les officiers, *montés ou non montés*, changeant de corps ou de résidence, et qui désirent emmener leur ordonnance, doivent en faire la demande au Général de

___

(1) A faire émarger par l'intéressé, s'il s'agit d'un sous-officier rengagé. S. I. art. 389.

Brigade, ou au Directeur de service, sous les ordres desquels est placé *leur nouveau corps ou service*.

DOSSIER. — 1. Demande de l'officier. Si celui-ci est monté, indiquer que le soldat ordonnance est chargé, le cas échéant, d'accompagner la monture ; à défaut, indiquer que l'officier prend à sa charge les frais de déplacement, et mentionner dans tous les cas que l'ordonnance consent à être changé de corps.

2. Relevé des services.
3. Relevé des punitions.
4. Consentement des chefs de corps.
5. Etat de proposition, modèle 24.

NOTA. — Dans la pratique, le chef de corps ou de service qui établit le dossier, l'adresse directement au nouveau chef de corps ou de service ; celui-ci y joint son consentement et le fait parvenir à l'autorité qui a qualité pour statuer.

---

29. PROPOSITIONS POUR CAVALIERS DE MANÈGE.
(S. c. art. 180)

Les sous-officiers, engagés et rengagés, les brigadiers et les cavaliers ayant accompli au moins 3 ans de service dans un corps de troupe monté, peuvent être proposés pour cavalier de manège.

CONDITIONS. — Avoir une très bonne conduite et des aptitudes particulières pour soigner les chevaux. Les gradés doivent faire la remise volontaire de leur grade au moment de leur nomination.

DOSSIER. — 1. Etat de proposition, modèle 25.
2. Demande de l'intéressé.
3. Relevé des services.
4 Relevé des punitions.
(Les demandes sont remises au commandant de l'unité et transmises au Ministre au fur et à mesure de leur présentation).

30. CAPORAUX, CLAIRONS ET OUVRIERS PROPOSÉS POUR LES BATAILLONS D'AFRIQUE.

(S. C. art. 170.)

CONDITIONS. — Les *Caporaux* doivent avoir 18 mois à faire, être rengagés ou décidés à rengager, vigoureux, avoir une bonne conduite, une bonne instruction militaire, du tact et de la fermeté de caractère.

Les *clairons* et *ouvriers* doivent avoir une bonne conduite, une forte constitution, au moins un an de service à faire et pas de punition de prison.

DOSSIER. — 1. Etat de proposition, modèle 25.

2. Demande des intéressés à remettre au commandant de l'unité dans les premiers jours de février pour les caporaux, et dans les premiers jours de juillet pour les ouvriers et clairons.

3 Relevé des punitions.

4. Relevé des services.

5. Certificat médical.

31. CAPORAUX ET ÉLÈVES CAPORAUX PROPOSÉS POUR LES RÉGIMENTS DE TIRAILLEURS.

(S. C. art. 171.)

CONDITIONS. — Ces militaires peuvent être engagés volontaires ou non ; ils doivent avoir, au moment de la proposition, au moins 2 ans de service à accomplir et être doués d'une forte constitution.

DOSSIER. — 1. Etat de proposition, modèle 25.

2. Demande des intéressés à remettre au commandant d'unité dans les premiers jours de Juillet.

3. Relevé des services.

4. Relevé des punitions.

5. Certificat médical.

32. PASSAGE DANS LES ÉQUIPAGES DE LA FLOTTE.

(S. C. art. 243)

Les militaires non rengagés qui désirent passer dans les Equipages doivent remettre à leur commandant d'unité une demande de rengagement adressée au Général commandant le corps d'armée. Le capitaine transmet cette demande au chef de corps par l'intermédiaire et avec l'avis de ses chefs hiérarchiques.

DOSSIER. — 1. Demande de l'intéressé.
2. Relevé des services.
3. Relevé des punitions.
4. Consentement du chef de corps.
5. Certificat médical.
6. Consentement du Commandant du Dépôt des Equipages de la flotte.

NOTA. — Le chef de corps fait établir les pièces 1, 2, 3, 4 et 5, il les communique au Commandant du dépôt des Equipages de la flotte qui les lui retourne, après y avoir annexé son consentement s'il y a lieu. En suite de quoi ce dossier est soumis au Général commandant le corps d'armée sous les ordres duquel sert l'intéressé.

33. PLAINTE EN CONSEIL DE GUERRE

A. Désertion en temps de paix

Tout militaire dont l'absence illégale se prolonge au-delà des délais accordés par le Code de Justice militaire (6 *jours pour les militaires présents : 15 jours pour ceux en permission ou voyageant isolément d'un corps à un autre ; 1 mois pour ceux qui n'ont pas encore 3 mois de service*), est déclaré déserteur et donne lieu, sans attendre son arrestation ou sa présentation volontaire, à la constitution d'un dossier comprenant les pièces numérotées 1, 2, 3, 4 ci-après et autres, s'il y en a ; ce dossier est conservé dans les archives du corps pour servir ultérieurement de base à la plainte en conseil de guerre (3). (I. M. 21 mars 1906).

DOSSIER. — 1. Rapport du commandant d'unité (1).

2. 1 Relevé des services.

3. 1 Relevé des punitions.

4. Etat des effets et armes emportés par le déserteur avec indication de ceux qu'il a rapportés (2).

5. Procès-verbal d'arrestation ou de présentation volontaire.

6. Délégation des pouvoirs du chef de corps, *s'il n'instruit pas l'affaire lui-même.*

7. Procès-verbal d'interrogatoire de l'inculpé.

8. Procès-verbaux d'information *(témoins).*

9. Plainte du chef de corps ou de détachement.

10. Procès-verbal d'identité.

B. Cas autres que la désertion

DOSSIER. — 1. Rapport du Commandant d'unité.

2. 2 Relevés des services.

3. 2 Relevés des punitions.

4. Pièces à conviction, s'il y en a.

5. Délégation des pouvoirs du chef de corps, *s'il n'instruit pas l'affaire lui-même.* ·

6. Procès-verbal d'interrogatoire de l'inculpé.

7. Procès-verbaux d'information *(témoins).*

8. Plainte du chef de corps ou de détachement.

NOTA. — S'il s'agit de bris d'objets appartenant à

---

(1) Ce rapport doit contenir un exposé détaillé des circonstances qui ont précédé et accompagné la désertion et indiquer le moment où l'absence a été constatée ainsi que les noms des militaires dont le témoignage pourra être invoqué.

(2) Cette pièce, *établie, autant que possible, devant témoins dès que l'absence est constatée,* contient l'énumération des objets emportés ; elle est complétée ensuite, s'il y a lieu, par l'indication des objets représentés par le déserteur.

(3) Cette précaution se justifie par le fait que, lorsqu'un déserteur ne revient au corps qu'après un délai de plusieurs années, on n'a plus d'éléments pour établir la plainte si, *comme cela arrive fréquemment,* de nombreuses mutations se sont produites dans l'intervalle parmi les Officiers et gradés de l'unité. Ces difficultés sont évitées en opérant comme il est dit ci-dessus.

l'Etat, il est joint au dossier un compte rendu sommaire *établi par le service local du génie ou l'officier de casernement* et contenant le devis des dégradations constatées.

---

34. CONSEIL D'ENQUÊTE

Sous-officiers rengagés ou commissionnés

Lorsqu'un sous-officier rengagé ou commissionné s'est mis dans le cas d'être envoyé devant un conseil d'enquête. le chef de corps, le commandant du détachement *ou l'officier qu'il désigne*, établit un *rapport*, qui est transmis au Général commandant le corps d'armée par la voie hiérarchique.

Dans le cas où le chef de corps a jugé utile de procéder ou de faire procéder à une enquête préparatoire, le *rapport* visé ci-dessus est appuyé de l'interrogatoire et des témoignages recueillis. (Art. 9 du décret et C. M. du 19 mars 1906).

DOSSIER *à soumettre au Général commandant le corps d'armée.*

1. Rapport établi par le chef de corps ou de détachement ou par l'officier qu'il a désigné.
2. Plainte, s'il y a lieu.
3. Relevé des services.
4. Relevé des punitions (1).
5. Etat de propositions pour la nomination des membres du Conseil. (Art. 3 et 9 de l'Inst.).

---

(1) Suivant la décision prise par le Chef de corps ou de détachement par application de la C. M. du 19 mars 1906, le relevé des punitions doit se terminer par la mention : « à la prison ou aux arrêts... jusqu'à décision à intervenir, un rapport en Conseil d'enquête étant établi contre lui ». (Voir à ce sujet le Service intérieur à l'article : *Exécution des punitions d'arrêts des Sous-Officiers.*)

NOTA. — Si le rapport est motivé à la suite d'une plainte émanant soit d'une personne qui se croirait lésée, soit d'un supérieur sous les ordres directs desquels ne se trouve pas le gradé, la plainte est jointe au rapport. (Art. 9 du décret et de l'Inst. minist.).

Si le chef de corps n'a pas lui-même procédé à l'enquête, il n'est pas tenu de faire connaître son avis en transmettant le dossier. (C. M. 2 juin 1904).

En tout cas, aussi bien dans le rapport que dans les avis qui peuvent y être insérés aux différents échelons, on doit s'attacher à ne pas empiéter sur les attributions du conseil d'enquête ; on doit notamment éviter les expressions : *à rétrograder, à casser de son grade, etc.....* et employer d'une manière générale la mention : *à traduire devant un conseil d'enquête.*

COMPOSITION DU CONSEIL

1° *Régiment*

Le chef de corps, président, 1 commandant, 1 capitaine, 1 lieutenant, 1 sous-officier.

2° *Bataillons détachés ou formant corps*

Le chef de corps ou l'officier supérieur commandant le bataillon, président ; 2 capitaines, 1 lieutenant, 1 sous-officier.

3° *Autres unités.*

D'une manière générale dans les unités autres que celles indiquées ci-dessus, le conseil est composé de l'officier supérieur commandant les unités, de 2 capitaines, 1 lieutenant et 1 sous-officier.

Opérations à accomplir.

Par le Président (art. 10, 13, 14 du décret).	**Par le Rapporteur** (art. 11, 12, 16 du décret).
Réception du dossier contenant les ordres d'envoi devant le Conseil et de convocation du Conseil, dont une expédition doit être remise à l'intéressé par la voie hiérarchique (1).	Réception du dossier envoyé par le Président.
	Convoquer l'intéressé.
	Lui communiquer le dossier.
Transmission du dossier au Rapporteur.	Entendre ses explications.
Réception dudit dossier complété par le Rapporteur.	Recevoir les pièces qu'il aurait à présenter pour sa défense.
Fixer la date de la réunion du Conseil et convoquer les membres du Conseil.	Lui dire qu'il peut faire choix d'un défenseur.
	Prendre les noms des personnes à faire entendre à sa décharge.
Convoquer, soit d'office, soit à la demande du gradé, les personnes qu'il lui paraît utile d'appeler pour renseigner le Conseil.	Appeler soit d'office, soit sur la demande de l'intéressé, les personnes qu'il juge utile d'entendre ou leur demander des renseignements par écrit.
Notifier à l'intéressé la liste des témoins qui seront entendus et la date de la réunion du Conseil (huit jours au moins avant cette date) (1) (2).	Donner connaissance au gradé des dépositions recueillies.
(Les opérations à exécuter en séance sont énumérées sur le procès-verbal mod. 3).	Dresser de tout ce qui précède un procès-verbal qu'il signe avec le gradé ; si celui-ci refuse, mentionner le refus.
Coter et parapher les pièces du dossier.	Etablir un rapport dans lequel il ne doit pas faire connaître son opinion.
Faire émarger l'intéressé (3).	En séance donner lecture de l'ordre de convocation, des pièces du dossier tel qu'il était au moment où il l'a reçu et de son rapport.
Transmettre au Général commandant le C. d'A. et par la voie hiérarchique le dossier qui doit comprendre les pièces numérotées ci-après à la page 43.	Coter et parapher les pièces du dossier.

(1) Sous pli fermé et contre récépissé. Art. 10 de l'Instruction minist. du 8 novembre 1903.

(2) Le gradé soumis à l'enquête peut faire citer à ses frais d'autres personnes que celles convoquées par le Président ; il l'avise de cette convocation.

(3) D. M. confidentielle nº 2235 K. du 22 février 1908.

DOSSIER DÉFINITIF A TRANSMETTRE AU COMMANDEMENT

1. Ordre d'envoi devant le conseil d'enquête (mod. 1).
2. Ordre de convocation du conseil d'enquête (m. 2).
3. Rapport du chef de corps.
4. Relevé des services.
5. Relevé des punitions.
6. Etat des membres susceptibles d'être désignés pour faire partie du Conseil. (Art. 3 et 9 décret du 8 novembre 1903).
7. Rapport du Rapporteur.
8. Procès-verbal de la séance (mod. 3), 1 seule expédition. (La 2ᵉ est adressée au corps auquel appartient le sous-officier).
9. Observations écrites que le gradé aurait à présenter s'il y a lieu. (C. M. du 25 octobre 1908 et D M. confidentielle 2235 k. du 28 février 1908).
10. Certificat d'examen et de vérification établis par des médecins désignés par le Président pour les sous-officiers commissionnés traduits en Conseil d'enquête pour insuffisance d'aptitude physique (art. 17). Ces médecins doivent être entendus par le Conseil. (Renvoi 14 du procès-verbal mod. 3).

Caporaux, brigadiers ou soldats rengagés
ou commissionnés.

La procédure et la composition du Conseil sont identiques lorsqu'il s'agit de statuer sur le cas de militaires rengagés ou commissionnés (caporaux, brigadiers ou soldats). (Art. 134 du service courant).

---

35. CASSATION (2). — RÉTROGRADATION (2).
(Règlement sur le Service Intérieur)

La rétrogradation et la cassation des gradés sont prononcées par les Généraux, sauf lorsqu'il s'agit des adjudants-chefs, des maîtres-armuriers, ou de gradés décorés de la Légion d'Honneur ou de la Médaille

---

(2) Le dossier doit être communiqué à l'intéressé (C. M. du 25 octobre 1908). Celui-ci émarge ledit dossier et y annexe, s'il le juge utile, une note sur laquelle il mentionne les explications ou observations qu'il aurait à fournir. (D. M. Conf. Nᵒ 2235 K du 28-2-1908.)

Militaire ; dans ce cas, la décision est réservée au Ministre.

A. *Gradés non rengagés ou non commissionnés.*

1. Plainte du capitaine revêtue de l'avis de ses chefs hiérarchiques (1).
2. Relevé des services.
3. Relevé des punitions.

B. *Sous-Officiers, Caporaux ou Brigadiers rengagés.*

(S. C. art. 134)

S'il s'agit d'un sous-officier, d'un caporal ou d'un brigadier rengagé, la rétrogradation ou la cassation ne peut être prononcée qu'après avis du conseil d'enquête et, dans ce cas, il est fait application du décret et de l'instruction du 8 Novembre 1903. (*Voir à Conseil d'enquête*).

---

36. REMISE VOLONTAIRE DE GRADE (3).

(Règlement sur le Service Intérieur)

1. Demande de l'intéressé (4).
2. Relevé des services.
3. Relevé des punitions.

Le dossier est transmis à l'autorité qui aurait qualité pour prononcer la cassation ou la rétrogradation.

---

37. MAINTIEN DES HOMMES PUNIS DE PRISON.

(D. et I. M. du 26 janvier 1914.)

A. — ARMÉE ACTIVE

Les militaires ayant encouru, pendant la durée de leur service, des punitions de prison ou de cellule excédant 8 jours, doivent être traduits devant le conseil

---

(1) Si la faute a été commise dans un des services généraux du corps, il est d'usage de joindre au dossier un rapport explicatif du Chef de service.

(3) S'applique à tous les gradés, même s'ils sont rengagés ou commissionnés.

(4) Revêtue de l'avis du Commandant d'unité et de ses chefs hiérarchiques.

de discipline chargé d'émettre *son avis* sur la réduction partielle ou l'exonération de la durée du service supplémentaire imposé par l'art. 39 de la loi du 21 mars 1905.

Composition du conseil

Le plus ancien chef de bataillon ou d'escadron, président.

Les 2 plus anciens capitaines, commandants d'.

Les 2 plus anciens lieutenants.

NOTA. — Dans les détachements commandés par un officier supérieur, le conseil est composé du plus ancien capitaine et de 4 lieutenants ou sous-lieutenants les plus anciens (à défaut de ressources suffisantes on peut désigner des adjudants-chefs ou des adjudants pour remplacer les lieutenants ou sous-lieutenants).

Le chef de corps ou de détachement nomme les membres du conseil, désigne le rapporteur et transmet à ce dernier, *sans y mentionner son avis*, les rapports concernant les hommes traduits devant le conseil.

Le président fixe la date et l'heure de la réunion.

DOSSIER. — Le dossier soumis au chef de corps ou de détachement après réunion du conseil comprend :

1. Rapport du commandant d'unité comportant : l'énumération des punitions de prison ou de cellule avec *l'indication* des motifs, l'appréciation de sa conduite habituelle et de sa manière de servir et l'avis sur l'opportunité de faire bénéficier ou non l'intéressé d'une mesure bienveillante (ce rapport a été transmis au chef de corps par l'intermédiaire et avec l'avis des autorités hiérarchiques).

2. Rapport de l'officier rapporteur.

3. Ordre de convocation du conseil.

4. Relevé des services.

5. Relevé des punitions.

6. Avis du conseil.

Le chef de corps ou de détachement statue sur le vu du dossier ci-dessus.

B. Réserve et Territoriale

Bien que le décret du 26 janvier 1914 ne paraisse concerner que les Militaires de l'armée active, il est équitable d'en étendre l'application aux *Réservistes* et *Territoriaux*, puisque le règlement sur le service intérieur prescrit de les maintenir après leur période dans les conditions spécifiées pour l'armée active.

Il ne serait en effet pas équitable de leur appliquer les sévérités de l'art. 39 de la loi du 21 mars 1905 et de les exclure des dispositions bienveillantes édictées pour l'application de cet article de loi.

---

38. RENVOI A LA 2ᵉ CLASSE DES SOLDATS DE 1ʳᵉ CLASSE .

Cette punition est prononcée sur le vu du Rapport du commandant de l'unité transmis au chef de corps par l'intermédiaire et avec l'avis des autorités hiérarchiques), auquel est joint le livret matricule de l'intéressé. Celui-ci doit recevoir communication préalable du rapport et des pièces qui y sont jointes ; il peut y annexer une note contenant les explications qu'il aurait à fournir. D. M. 2235 K du 28 Février 1908).

---

39. ENVOI DES SOLDATS AUX SECTIONS SPÉCIALES.

(Règlement sur le service intérieur et décret du 28 mars 1912)

Lorsqu'un commandant d'unité estime qu'un soldat sous ses ordres doit être proposé pour être envoyé aux sections spéciales, il établit un rapport relatant, avec la liste des condamnations, les punitions encourues, les récidives qui donnent à sa conduite un caractère de persévérance dangereux pour la discipline.

Ce rapport est transmis au Général de brigade par

l'intermédiaire et avec l'avis du Chef de bataillon, du Lieutenant-Colonel et du Chef de Corps. Toutefois, dans les détachements, il est transmis au Lieutenant-Colonel par le Commandant du détachement.

DOSSIER à adresser au Général de Brigade.

1. Rapport du Commandant d'unité.
2. Livret matricule.
3. Proposition pour la constitution du conseil de discipline (1).
4. Certificat de visite et de contre-visite (2).

Au reçu de ces pièces, le Général de brigade décide si le soldat sera traduit devant le Conseil de discipline. Dans l'affirmative, il nomme les membres du Conseil et désigne l'Officier rapporteur.

DOSSIER à adresser au Général commandant le corps d'armée après comparution de l'intéressé devant le conseil (3).

1. Rapport du Commandant d'unité.
2. Rapport de l'Officier rapporteur.
3. Ordre de convocation du Conseil.
4. Certificat de visite et de contre-visite (2).
5. Avis du Conseil en trois expéditions (4).
6. Relevé des services en deux expéditions.
7. Relevé des punitions en deux expéditions.

Ce dossier est transmis par la voie hiérarchique au Général commandant le corps d'armée qui propose, s'il y a lieu, au Ministre, l'envoi du soldat dans une section spéciale.

---

(1) A joindre au dossier par le Chef de corps.

(2) A joindre au rapport du Capitaine pour les mutilés volontaires et les simulateurs seulement.

(3) Le dossier doit être communiqué à l'intéressé (C. M. du 25 octobre 1908). Celui-ci émarge ledit dossier et y annexe, s'il le juge utile, une note sur laquelle il mentionne les explications ou observations qu'il aurait à fournir.

(D. M. Confid. 2535 K du 24 février 1908.)

(4) 1 pour le Ministre. 1 pour le corps d'origine, 1 pour le corps auquel est rattachée la section spéciale : joindre à ce dernier les pièces matricules. (Art. 16 du décret.)

En attendant la décision à intervenir, l'homme doit être mis en prison dans un local séparé.

Les effets d'habillement de la collection « instruction » délivrés aux militaires dirigés sur les sections spéciales sont dégarnis des signes distinctifs ; ils doivent être en assez bon état pour pouvoir accomplir un service de trois mois au moins. (B. O. 9-1-1911).

---

40. PENSIONS.

(Art. 54 et 55 de l'Inst. min. du 23 mars 1897, vol. 66 1)

Les dossiers de pension sont constitués comme suit, soit sur la demande des intéressés, soit d'office sur la proposition de l'autorité militaire.

Pensions d'ancienneté

OFFICIERS (1)

Proposés sur leur demande

A. — 1. Déclaration autographe, modèle 4 (2).
2. Relevé des services, modèle 7.

Proposés d'office (3).

A. — 1. Déclaration de l'intéressé faisant connaître la localité dans laquelle il a l'intention de se retirer (4).
2. Relevé des services, modèle 7.
3. Rapport spécial du chef de corps (3).

---

(1) Pour les Officiers il n'est pas nécessaire de produire le bordereau modèle 1, ni la demande ou proposition modèle 3. (D. M. N° 6592 1/10 du 30 juin 1905.)

(2) Déclaration de demande d'admission à la retraite :
Je soussigné (nom, prénoms, grade, corps) déclare demander à être admis à la retraite à titre (d'ancienneté). Je déclare en outre avoir l'intention de jouir de ma pension à... (commune, département, rue, n°).
(Date et signature.)

(3) Art. 250 du service courant.

(4) Déclaration de domicile :
Je soussigné (nom, prénoms, grade, corps (proposé pour la pension de retraite à titre (d'ancienneté), déclare avoir l'intention de me retirer à... (commune, département, rue, n°).
(Date et signature.)

Proposés obligatoirement à la limite d'âge (5)

A. — 1. Déclaration, comme ci-dessus (4).

2. Relevé des services, modèle 7.

(A) Ces pièces sont expédiées, sous bordereau ordinaire, au bureau des pensions, 10e Direction, par l'intermédiaire de l'autorité qui doit approuver la proposition (*Voir page suivante*). Elles servent uniquement à la liquidation de la pension.

L'affectation des intéressés, dans la réserve ou l'armée territoriale, donne lieu à l'établissement des pièces ci-après (art. 67 de l'Instruction ministérielle du 2 février 1905. Vol. 72).

B. — 1. Rapport particulier modèle 6 en *double* expédition.

2. Déclaration d'option et de résidence (6).

3. Relevé des services.

(B) Dans la pratique, ces 4 pièces, *qui sont destinées au commandement, sont établies et transmises en même temps que le dossier de pension* (§ A), que l'intéressé soit proposé *d'office, sur sa demande, ou à la limite d'âge.*

---

41. PENSION D'ANCIENNETÉ ET PROPORTIONNELLE

HOMMES DE TROUPE

(Art. 54 et 55 de l'I. M. du 23 mars 1897 (vol. 66-1).
(Art. 251 et art. 253 du service courant).

Proposés sur leur demande

1. Bordereau, modèle 1.

2. Demande de liquidation de pension, modèle 3 (3).

3. Pièces d'état civil.

4. Relevé des services, modèle 7.

---

(3) Vol. 66/1.

(5) Il convient pour produire ces deux pièces d'attendre la décision ministérielle qui fixe la date de radiation des intéressés et qui est adressée au Corps deux mois environ avant cette date.

(6) Déclaration d'option et de résidence :

Je soussigné (nom, prénoms, grade, corps) proposé pour la pension de retraite à titre d'ancienneté, déclare opter pour un emploi de mon grade dans la (Réserve ou l'Armée Territoriale), de préférence dans la...e région et avoir l'intention de me retirer à...

(Date et signature.)

Proposés d'office

(Art. 67 de la loi du 21 mars 1905 et art. 134
du service courant. Vol. 66-1).

Même dossier que ci-dessus, sauf la modification de détail à faire subir à la pièce modèle 3 (1) et en plus, s'il s'agit de la *pension proportionnelle*, avis du conseil d'enquête pour les sous-officiers caporaux, brigadiers et soldats commissionnés (2).

---

42 APPROBATION DES PROPOSITIONS

Les dossiers de pension sont approuvés POUR PROPOSITION *par :*

Le général de Brigade, pour les militaires en activité,

Le Général commandant la subdivision, pour les anciens militaires, les officiers sans troupe et les militaires appartenant à des troupes non embrigadées.

Le chef d'E.-M. du Corps d'armée, pour les secrétaires d'Etat-Major.

Le Directeur de l'Intendance, pour les C. O. A.

Le Directeur du Service de Santé, pour les Militaires des Sections d'infirmiers. (Art. 3 de l'I. M. du 23 mars 1897. Vol. 66-1).

Les dossiers de gratification de réforme pour les hommes de troupe sont approuvés dans les mêmes conditions par les autorités désignées ci-dessus (Art. 4 de l'I. M. du 31 mars 1906. Vol 66-2).

---

(1) Renvoi 5 dudit modèle 3.

(2) Cet avis n'est pas nécessaire si les intéressés ont plus de 25 ans de service et sont proposés pour la *pension d'ancienneté*. (Décision ministérielle n° 1971/3 du 10 janvier 1906.)

(3) Vol. 66-1.

43. PENSIONS POUR BLESSURES
OU INFIRMITÉS.
(I. M. 23 mars 1897. Art. 60.)

Les Militaires en activité qui sollicitent leur admission à la retraite pour blessures ou infirmités, doivent adresser leur demande à leur chef de corps ou de service ; les militaires libérés doivent s'adresser *directement* au Ministre de la Guerre (Bureau des Pensions).

Les uns et les autres ne peuvent être proposés qu'après avoir été *visités* en présence d'un conseil d'administration et *contre-visités* en présence du Général commandant la Brigade ou la subdivision : le sous-intendant militaire assiste aux deux opérations et dresse procès-verbal de chacune d'elles.

Dans le cas où un militaire en situation d'être proposé pour une pension ne serait pas en état de se déplacer, il serait visité et contrevisité à domicile en présence du sous-intendant et de l'officier commandant l'arrondissement de Gendarmerie (I. M. 23 mars 1897 Art. 51).

A. OFFICIERS.
(Art. 252 du service courant.)

Proposés sur leur demande.

(Notice 5 du Règlement sur le service de santé)

DOSSIER. — 1. Déclaration autographe, modèle 4 (1).

2. Relevé des services, modèle 7.

3. Certificat d'origine, modèle 8 (2).

4. Certificat d'incurabilité, modèle 9.

5. Certificat et procès-verbal d'examen, modèle 10.

6. Certificat et procès-verbal de vérification, modèle 11.

---

(1) Voir ce modèle au n° 40.

(2) Et pièces annexes, s'il y a lieu, cas particulier visé à l'art. 32 § 4e, 5e et 6e.

(3) Voir le nota de la page 4

Proposés d'office

DOSSIER. — 1. Déclaration de l'intéressé faisant connaître la localité dans laquelle il a l'intention de se retirer (1).

2. Relevé des services, modèle 7.

3. Certificat d'origine, modèle 8 (2).

4. Certificat d'incurabilité, modèle 9.

5. Certificat et procès-verbal d'examen, modèle 10.

6. Certificat et procès-verbal de vérification, modèle 11.

B. HOMMES DE TROUPE.

Proposés sur leur demande.

1. Bordereau, modèle 1.

2. Demande de liquidation de pension, mod. 3 (4).

3. Pièces d'état-civil.

4. Relevé des services, modèle 7.

5. Comme ci-dessus, 3, 4, 5. 6.

6. ————

7. ————

8. ————

Proposés d'office

Mêmes pièces que ci-dessus pour les hommes de troupe proposés sur leur demande, sauf la modification de détail à faire subir à la pièce modèle 3 (5).

---

(1) Voir ce modèle au n° 40.

(2) Et pièces annexes, s'il y a lieu, cas particulier visé à l'art. 32 de l'Instruct. du 23 mars 1897 § 4°, 5° et 6°.

(4) Vol. 66 1.

(ç) Renvoi 5 dudit modèle.

44. PENSION DE RÉFORME

(Art. 9 à 21 de la loi du 19 mai 1834 et art. 254 du S C.)

INFIRMITÉS INCURABLES

Officiers n'ayant pas 25 ans de services effectifs (1).

Même dossier que pour une pension de retraite à titre d'*infirmités* (2) ; mais le certificat d'incurabilité doit contenir en plus des explications sur le traitement suivi et sur son efficacité.

L'officier réformé avant 20 ans de service pour infirmités, reçoit pendant un temps égal à la moitié de ses services une solde de réforme égale aux 2/3 du minimum de la pension de retraite de son grade ; cette solde est réduite à la moitié du minimum dans le cas de réforme par mesure de discipline.

A partir de 20 ans de service, l'officier a droit à une pension de réforme.

---

45. RETRAITES ANTICIPÉES

OFFICIERS.

(Lois des 7 avril 1905, 8 avril 1910 et C. M. du 8 juillet 1910.)

Même dossier que pour la retraite à titre d'ancienneté N° 40, premier § (A) et § (B).

---

46. GRATIFICATION RENOUVELABLE

(I. M. 31 mars 1906. Vol. 66-2.)

La gratification renouvelable est une allocation accordée, à titre gracieux, à des hommes de troupe dans la limite des crédits dont dispose le Ministre de la Guerre.

---

(1) Ceux qui réunissent 25 ans de services effectifs sont proposés pour la non-activité.

(2, C. M. du 27 juin 1872. (Vol. 22.)

Les intéressés doivent être *visités* par deux médecins devant le conseil d'administration et le sous-intendant militaire et *contre-visités* par deux autres médecins devant la commission de réforme. Si l'intéressé ne pouvait pas se déplacer, il pourrait être examiné à domicile dans les conditions indiquées au § Pensions.

Les militaires en activité sont proposés d'office ; les militaires libérés doivent adresser une demande *directement* au Ministre (Bureau des Pensions).

CONDITIONS. — Avoir été atteint, en service commandé, de blessures ou d'infirmités ne présentant pas le caractère de gravité ou d'incurabilité pouvant ouvrir le droit à la pension de retraite.

Ces blessures ou infirmités doivent diminuer la capacité de travail d'au moins 10 pour 100 et paraître devoir subsister pendant 2 ans au moins.

CATÉGORIES. — Il existe trois catégories comportant des taux différents, suivant le grade des titulaires et correspondant à des diminutions de capacité de travail de 10, 20, et 30 pour cent.

DOSSIER. — A. ADMISSION.

1. Mémoire de proposition, modèle 1 du Vol. 66-2.
2. Acte de naissance.
3. Relevé des services, modèle 7 du Vol. 66-1.
4. Certificat d'origine (1), modèle 8 du Vol. 66-1.
5. Certificat et Procès-verbal d'examen, modèle 10 du Vol. 66-1.
6. Certificat et Procès-Verbal de vérification, mod. 11, sur lequel est mentionné *l'avis de la commission* de réforme.
7. Rapport de la Gendarmerie (2).

B. RÉADMISSION

Il suffit de produire les pièces numérotées 1, 5, 6 et 7 ci-dessus.

---

(1) Et pièces annexes, s'il y a lieu, cas particulier visé à l'art. 32 de l'instruct. du 23 mars 1897 § 4e, 5e et 6e.

(2) Pour les anciens militaires, il est d'usage de joindre un rapport de la gendarmerie sur le genre de vie et les occupations habituelles de l'intéressé.

47. SOLDE DE RÉFORME DES SOUS-OFFICIERS RENGAGÉS.

S. C. art. 258.)

Les sous-officiers, rengagés depuis 5 ans au moins, et qui seraient réformés avant d'avoir acquis des droits à la pension de retraite, ont droit, pendant un laps de temps égal à la moitié de leurs services effectifs, à une solde de réforme égale au montant de la pension proportionnelle de leur grade.

DOSSIER. — 1. État de proposition indiquant l'adresse de l'intéressé, modèle 25.
2. Acte de naissance.
3. Relevé des services.

NOTA. — Dans le cas où ces 2 dernières pièces auraient été produites à l'appui d'une proposition pour la gratification de réforme, l'état de proposition seul suffit.

48. SECOURS AUX MILITAIRES AMPUTÉS OU DEVENUS AVEUGLES ÉTANT AU SERVICE.

(S. C. art. 259.)

Même dossier que pour la gratification renouvelable *moins le certificat d'origine de blessures* qui, évidemment, ne peut pas être produit et qu'il convient de remplacer par un rapport faisant ressortir les causes et les circonstances de l'accident.

Il convient en effet de remarquer que si l'intéressé était détenteur du certificat d'origine, il aurait droit à la pension ou à la gratification et que ne l'ayant pas, il ne peut pas le produire.

49. PENSIONS DE VEUVES

Art. 82 de l'Instruction Ministérielle du 23 mars 1897 (Volume 66¹).

Les dossiers sont constitués par les Sous-Intendants puis transmis aux Généraux commandant les subdivisions qui les adressent au Ministre par l'intermédiaire des Généraux commandant les Corps d'armée.

	de Militaires morts des suites de blessures, maladies ou accidents de service (9).	de Militaires décédés après 25 ans de service avant d'être admis à la retraite.	de Militaires décédés titulaires d'une pension de retraite
Bordereau, modèle 2, mentionnant l'avis motivé du Sous-Intendant militaire..........	1	1	1
A. Demande de pension sur papier libre (signature légalisée)........................	1 (10)	1 (10)	1 (11)
B. Acte de naissance de la veuve............	1	1	1
Acte de mariage exprimant l'autorisation prévue à l'art. 19 de la loi du 11 avril 1831 (1)....	1 (2)	1 (2)	1 2
C. { Acte de naissance de l'enfant............	(3)	(3)	3
Certificat de vie de l'enfant ou, si celui-ci est également décédé, acte de décès de cet enfant constatant qu'il a survécu au père.........	(3)-(4)	»	»
D. Acte de décès du mari...................	1	1	1
E. État des services du mari..................	1	1	»
F. Certificat de non-divorce, modèle 12.........	1 (5)	1	1
G. Certificats d'origine de blessures ou d'infirmités, certificats médicaux, procès-verbaux d'enquête comme justification des causes de la mort.....................................	(6)	»	»
H. Acte d'individualité, modèle 6 approprié......	(7)	7	(7)
I. Lettre portant notification de la concession de pension du mari........................	»	»	(8)

(1) A défaut de cette mention, joindre une copie de l'autorisation de mariage, à moins qu'à l'époque dudit mariage, le mari n'était pas tenu de produire cette autorisation.

(2) A défaut d'acte de mariage, extrait du jugement du tribunal (Art. 46 du Code civil.

(3) Pièces à fournir dans le *seul* cas où la veuve, mariée moins de deux ans avant la cessation de l'activité du mari, puise son droit dans l'existence d'enfants issus de ce mariage.

(4) Si l'enfant est né après le décès de son père, le certificat de vie de l'enfant n'est pas exigé.

(5) En cas de séparation prononcée en faveur de la veuve, extrait du jugement.

(6) Voir art. 75 à 79 de l'Instruction ministérielle du 23 mars 1897 (en particulier l'art 79).

(7) En cas de divergences entre les pièces du dossier seulement.

(8) Cette pièce n'est pas formellement exigée, mais il y a tout avantage à la produire.

(9) Pour les veuves de militaires décédés après que le dossier de proposition pour la retraite a été transmis *mais avant qu'il ait été statué,* cette particularité doit être mentionnée en rouge sur le bordereau d'envoi. De plus, si l'instruction de la demande du mari est seulement commencée, on joint au dossier de la veuve, dans l'état où elles se trouvent, toutes les pièces qui ont déjà été préparées pour le dossier du mari (article 74).

(10) A adresser par l'intéressé, et avec les pièces exigées, au Sous-Intendant du département de sa résidence.

(1¹) A adresser directement au Ministre par l'intéressée et avec les pièces dont la production lui incombe.

50. PROPOSITION POUR LA RÉFORME N° 1

Les Militaires de l'armée active ainsi que les réservistes ou territoriaux qui sont atteints de blessures ou infirmités survenues en service commandé, peuvent être réformés n° 1 *avec* ou *sans* gratification.

La réforme n° 1 est prononcée par le Ministre après que l'homme a été visité par deux médecins devant le Conseil d'administration, en présence du Sous-Intendant et contre-visité par deux autres médecins devant la Commission de réforme (2).

Si les certificats concluent à l'allocation d'une gratification de réforme, il y a lieu d'établir un mémoire de proposition avec un dossier complet (3). Voir Gratification Renouvelable.

Pour le cas où il s'agirait d'un sous-officier ayant servi 5 ans comme rengagé et qui ne serait pas l'objet d'une proposition pour la gratification de réforme, il y aurait lieu d'établir une proposition pour la solde de réforme. Voir Solde de Réforme.

DOSSIER. — 1. Certificat et procès-verbal d'examen. Modèle 10 (1).

2. Certificat et procès-verbal de vérification. Mod. 11 (1).

3. Certificat d'origine de blessures. Modèle 8 (1)

---

(1) Modèles donnés par le Vol. 66 ¹. Les certificats d'examen et de vérification doivent mentionner s'il y a lieu à réforme n° 1 *avec* ou *sans* gratification. Le procès-verbal de vérification doit contenir l'avis motivé de la Commission de réforme.

(2) Notice 5 du Règlement sur le service de santé. Vol. 80.

(3) Art. 13 de l'Instr. minist. du 21 janvier 1910. Vol. 68 ⁴.

51. RENGAGEMENTS

(Titre IV de la loi du 21 mars 1905 et I. M. du 8 février 1911.)

RENGAGEMENT DANS L'INTÉRIEUR DU CORPS OU SERVICE.

A. *Dossier soumis au conseil de Régiment* (1).

1. Demande manuscrite de l'intéressé.
2. Relevé des services.
3. Relevé des punitions.
4. Certificat d'aptitude physique.
5. Mémoire de proposition, modèle 1.

B. *Autorisation de rengagement*

Si le militaire est accepté, une autorisation de rengagement, extraite du registre à souche, lui est remise ; un exemplaire de cette autorisation, extrait du même registre, est adressé à l'autorité administrative (sous-intendant ou suppléant) devant laquelle l'intéressé doit contracter son rengagement (2).

RENGAGEMENT POUR UN AUTRE CORPS

Après délibération, les pièces énumérées au § (A) ci-dessus, sont adressées au corps ou service au titre duquel le candidat demande à être rengagé et l'affaire est soumise au conseil de régiment qui est chargé, *si le militaire est accepté*, d'établir et d'adresser les autorisations visées au § (B).

RENGAGEMENT DES MILITAIRES LIBÉRÉS

(Troupes Métropolitaines. Art. 12 de l'Instruction.)

1. Demande manuscrite de l'intéressé, adressée au Commandant du bureau de recrutement.
2. Certificat d'aptitude physique.

---

(1) Si l'avis du Conseil de régiment est défavorable, le dossier est communiqué au Général commandant le Corps d'armée et notification du refus est faite à l'intéressé dans les 24 heures par écrit (Art. 30).

(2) Pour les militaires des troupes coloniales et du régiment de sapeurs-pompiers non pourvus du grade de Sous-Officier, cette autorisation est remplacée par le consentement du Chef de corps. (Art. 54 de la loi.) .

3. Relevé des services (complété par les indications relatives au mariage, s'il y a lieu).

4. Relevé des punitions.

5. Extrait du casier judiciaire, bulletin n° 2.

6. Certificat modèle O si l'intéressé a quitté le service depuis plus de trois mois (4).

7. Bordereau d'envoi en double (3).

NOTA. — Les dispositions ci-dessus s'appliquent indistinctement aux sous-officiers, caporaux, brigadiers et soldats. (Art. 22 de l'Instruction).

RENGAGEMENT DES MILITAIRES DES TROUPES MÉTROPOLITAINES POUR LES TROUPES COLONIALES

(Décret du 25 août 1905 et C. M. du 20 décembre 1911.)

Les Militaires âgés de 21 ans révolus qui ne sont pas liés au service pour au moins 2 ans et 3 mois et ceux qui n'auront pas cette durée de service à accomplir, à compter du jour où ils atteindront 21 ans révolus, ne peuvent passer dans les troupes coloniales qu'après avoir contracté un rengagement.

La durée du rengagement est calculée de manière que l'intéressé puisse accomplir, dans les troupes coloniales, au moins 2 ans et 3 mois comptés du jour du passage s'il a 21 ans, ou du jour où il atteindra 21 ans.

L'intéressé adresse sa demande à son chef de corps par l'intermédiaire de son capitaine.

Cette *demande*, revêtue de l'avis des autorités hiérarchiques, le *Relevé des services* de l'intéressé et le *Relevé de ses punitions* sont adressés au chef de corps colonial qui les retourne après y avoir annexé son *consentement*, s'il y a lieu.

Les candidats acceptés par le chef de corps colonial doivent contracter leur rengagement avant d'être dirigés sur leur nouveau corps. La mise en route s'effectue

---

(3) Dont l'un est retourné au recrutement dès réception du dossier par le corps qui doit l'examiner.

(4) Décret du 27 juin 1905.

aussitôt après la signature de l'acte de rengagement. (Art. 27 du décret du 25 août 1905).

RENGAGEMENT DES MILITAIRES LIBÉRÉS
(Troupes coloniales. — Décret du 25 août 1905.)

1. Demande de l'intéressé adressée au Commandant de Recrutement de sa résidence.
2. Certificat d'aptitude physique.
3. Certificat de bonne conduite que l'homme a reçu à son départ du régiment.
4. Certificat de bonne vie et mœurs (1).
5. Extrait du casier judiciaire, bulletin n° 2.
6. Consentement du Chef de Corps (2).
7. Relevé des services (3).

RENGAGEMENT DES OFFICIERS DE RÉSERVE
(Décret du 21 septembre 1911.)

Les officiers de réserve, nommés à ce grade au titre de l'article 24 de la loi du 21 mars 1905, qui désirent *continuer à servir*, doivent adresser une demande au chef de corps du régiment dans lequel ils désirent être admis comme rengagé.

Cette demande est instruite *dans les conditions ordinaires*, mais ne donne pas lieu à l'établissement des autorisations de rengagement puisque la délivrance de ces autorisations est réservée à la décision du Ministre.

Si le conseil de régiment émet un avis favorable, le dossier visé au § (A), page 58, est transmis au Ministre, Bureau de l'arme, accompagné des pièces ci-après :

1. Offre de démission (4).
2. Récépissé de reversement au trésor de l'indemnité de 1re mise d'équipement.

Le Ministre statue à la fois sur l'autorisation de rengagement et sur l'offre de démission.

(1) S'il a quitté le corps depuis plus de 6 mois.
(2) Ou autorisation du Conseil de régiment si le militaire est admis comme gradé.
(3) Complété par les indications relatives au mariage, s'il y a lieu.
(4) Voir le modèle à Démission.

52. ELÈVES OFFICIERS DE RÉSERVE

(I. M. 30 décembre 1910.)

Les militaires des diverses armes ou services qui désirent obtenir le titre d'élève-officier de réserve, doivent en faire la demande par écrit de manière que leur dossier puisse parvenir, par la voie hiérarchique, le 1er juin, au Général commandant le Corps d'armée.

DOSSIER *à produire en vue de l'admission au Concours.*

1. Demande d'admission au concours.
2. Déclaration spéciale *aux candidats titulaires de l'un des emplois énumérés au tableau A annexé à la loi du 21 mars 1905 ou aspirants à l'un de ces emplois* (1).
3. Certificat médical.
4. Déclaration, modèle 2 ou 3, pour les cavaliers et artilleurs qui demanderaient, à titre subsidiaire, à être nommés dans le train des équipages et pour les candidats de toutes armes qui demanderaient à être nommés élèves-officiers d'administration.

Pour l'envoi des dossiers des instituteurs présents à Joinville, voir la D. M. n° 2091. C/1 du 24 mai 1912.

DOSSIER *à adresser par les chefs de corps au Directeur du cours spécial avant le 1er octobre.*

(I. M. 14 septembre 1908, art. 2 et 17.) (2)

5. Relevé des punitions.
6. Etat signalétique et des services.
7. Relevé des permissions.
8. Notes du Commandant d'unité sur l'aptitude militaire, la conduite et la manière de servir du candidat.

---

(1) Je soussigné, candidat élève Officier de réserve au *(corps)* titulaire de l'emploi de..., déclare être complètement éclairé sur les obligations que m'imposera le grade de Sous-Lieutenant de réserve et maintenir ma candidature de nomination audit grade. (Décision ministérielle n° 2460 1/1 du 10 mars 1910.)

(3) Ces dispositions sont applicables pour la dernière fois en 1914. Pour l'avenir, les officiers de réserve passeront par les écoles militaires de Saint-Maixent, Saumur, etc. (Loi du 9 avril 1913.)

53. PASSAGE DES MILITAIRES DES TROUPES MÉTROPOLITAINES DANS LES TROUPES COLONIALES

(Décret du 25 août 1905 et art. 241 du Service Courant.)

(Militaires liés au service pour une durée d'au moins 2 ans et 3 mois à compter du jour où ils atteindront 21 ans révolus ou ayant au moins 2 ans et 3 mois à faire s'ils ont 21 ans révolus).

DOSSIER. — 1. Etat de proposition, modèle 24.

2. Demande de l'intéressé (3).

3. Consentement du chef de corps du régiment auquel appartient le militaire (2).

4. Consentement du chef de corps sous les ordres de qui il demande à passer.

5. Relevé des services.

6. Relevé des punitions.

7. Remise volontaire du grade (4).

---

54. ENGAGEMENTS VOLONTAIRES

Les engagements ne peuvent être reçus que pour les corps de troupe d'infanterie, de cavalerie, d'artillerie, du génie, d'aéronautique et du train des équipages.

Les candidats doivent se présenter devant un Commandant de Recrutement qui fait procéder à la constatation de leur aptitude physique et constitue leur dossier.

---

(2) Si ce chef de corps refuse son consentement, cette pièce est remplacée par une note indiquant les motifs du refus, le Général de brigade peut néanmoins prononcer le changement de corps.

(3) Remise par l'intéressé à son Commandant d'unité et transmise par l'intermédiaire et avec l'avis des autorités hiérarchiques.

(4) Pour les militaires gradés à moins qu'une vacance de leur grade leur soit réservée.

L'intéressé se présente ensuite devant le maire d'un chef-lieu de canton, pour signer l'acte d'engagement dont une expédition lui est remise ; il est mis en route par les soins du sous-intendant militaire.

A. Troupes coloniales.

(Décret du 25 août 1905.)

DOSSIER. — 1. Extrait du casier judiciaire, bul. n° 2. (7)

2. Certificat de bonne vie et mœurs.

3. Consentement des parents (1) (2) (3).

4. Certificat d'aptitude physique (6).

5. Consentement du chef de corps (4).

6. Acte de naissance.

B. Troupes métropolitaines.

(Décret du 27 juin 1905.)

DOSSIER. — 1. Acte de naissance.

2. Consentement des parents (1) (2) (3).

3. Certificat de bonne vie et mœurs.

4. Consentement de l'autorité militaire pour les cas où il est exigé (5).

5. Certificat d'aptitude physique (6).

6. Extrait du casier judiciaire, Bulletin n° 2 (7).

---

(1) S'il a moins de 20 ans.

(2) Pour les enfants assistés, consentement du Directeur de l'Assistance publique ou du Préfet.

(3) Pour les orphelins, consentement du tuteur, ce dernier autorisé par une délibération du conseil de famille.

(4) Pour ceux qui ont encouru des condamnations et pour ceux qui étant domiciliés à Paris demandent à s'engager dans un corps qui y tient garnison.

(5) *Consentement du Gouverneur militaire de Paris :*

a) Pour les jeunes gens en résidence dans le département de la Seine qui désirent un des corps stationnés dans ce département.

b) Pour les sapeurs-pompiers.

c) Pour la portion centrale du 5e génie.

d) Pour les sapeurs-aérostiers.

e) Pour le bataillon des sapeurs-télégraphistes.

Consentement du Gouverneur militaire de Lyon ou du Général commandant le 13e corps pour les jeunes gens en résidence dans les départements du Rhône ou des Bouches-du-Rhône qui désirent un des corps stationnés dans ces départements.

Consentement du Général commandant le 19e corps ou du Général commandant la division de Tunisie pour les tirailleurs ou les spahis.

Consentement du Général commandant le 6e corps pour le groupe des sapeurs-aérostiers de Reims.

(6) N'est valable que pour 48 heures.

(7) Fourni par le bureau de Recrutement.

55. ENGAGEMENTS VOLONTAIRES POUR LES ÉQUIPAGES DE LA FLOTTE

Ces engagements ne sont reçus que dans les ports militaires (Cherbourg, Brest, Lorient, Rochefort et Toulon et à Paris (mairie du 8ᵉ arrondissement).

Les jeunes gens doivent adresser leur demande au commandant du dépôt des équipages de la flotte du port où ils désirent s'engager, ou au Ministre de la Marine s'ils désirent s'engager à Paris.

Cette demande doit mentionner les **renseignements** ci-après . nom, prénoms, date et lieu de naissance, domicile, taille, degré d'instruction, noms et prénoms de leur père et mère. Elle doit être appuyée d'un *certificat médical provisoire* (1), constatant que l'intéressé possède l'aptitude physique exigée pour s'engager dans la marine.

Les jeunes gens dont la candidature est acceptée sont convoqués dans le centre qu'ils ont choisi (port ou Paris) pour subir l'examen médical définitif qui donne lieu à la délivrance du certificat d'aptitude physique.

Tous les déplacements y compris ceux nécessités par le retour du candidat refusé, sont à la charge des intéressés.

Dossier *à produire à la Mairie, au moment de la signature de l'engagement*

1. Certificat d'aptitude physique.
2. Acte de naissance (2).
3. Certificat de bonne vie et mœurs (2).
4. Consentement des parents si l'intéressé a moins de 20 ans (2).
5. Extrait du casier judiciaire. Bulletin nº 2 (3).

(1) Ce certificat est délivré gratuitement par les Commandants des dépôts des équipages de la flotte, dans les ports militaires ; par le Chef du bureau des équipages de la flotte, au Ministère de la Marine à Paris, et, dans les localités autres que celles ci-dessus, par les Commandants des bureaux de recrutement.

(2) L'acte de naissance et le certificat de bonne vie et mœurs doivent être légalisés par le Sous-Préfet. Le consentement du tuteur doit être légalisé par le Maire. Le tuteur doit être autorisé par une délibération du conseil de famille mise à l'appui du consentement.

(3) Cette pièce est fournie sans autre avis, par l'autorité maritime qui a reçu la demande d'engagement de l'intéressé.

56. CANDIDATS AU BREVET D'APTITUDE MILITAIRE EN VUE D'UN ENGAGEMENT DIT DE DEVANCEMENT D'APPEL

Chapitre VI de l Instruction ministérielle du 7 novembre 1908.
[Vol. 85 ter.]

A. Dossier à produire en vue de l'examen

1. Demande de l'intéressé (2).
2. Acte de naissance (2).
3. Certificat de bonne vie et mœurs (2).
4. Certificat d'aptitude physique (1).
5. Extrait du casier judiciaire, bulletin n° 2.

B. Pièces à fournir en plus au moment de l'engagement.

6. Consentement des parents (4).
7. Certificat d'aptitude physique (1).
8. Brevet d'aptitude militaire. modèle 4 (3).

57. CANDIDATS AU BREVET D'APTITUDE MILITAIRE

Les jeunes gens candidats au brevet d'aptitude militaire qui ne désirent pas contracter l'engagement visé ci-dessus adressent *une simple demande* avant le 1er juin au commandant du bureau de Recrutement dont ils dépendent. Les intéressés sont convoqués par le président de la commission d'examen 8 jours avant l'examen qui a lieu pendant le mois de juillet.

(1) Ce certificat n'est valable que pour 48 heures, c'est ce qui explique qu'il y a lieu de le renouveler au moment de l'engagement.

(2) Pièces à adresser par le candidat, avant le 1er juin, au bureau de recrutement.

(3) Loi du 8 avril 1903 et vol. 85 ter page 49.

(4) Si le candidat a moins de 20 ans.

58. SURSIS D'INCORPORATION

(Art. 20 et 21 de la loi du 21 mars 1905 et art. 74 à 78 de l'Instruction
ministérielle du 29 décembre 1905. Vol. 68-1.)

1° ARTICLE 20

*A. Frères inscrits la même année sur les tableaux
de recensement* (1).

1. Demande de l'intéressé, modèle 7 (2).
2. Extrait des actes de naissance des deux frères.
3. Certificat délivré par le maire attestant que les
deux frères sont inscrits la même année sur les tableaux
de recensement.

B. Frères faisant partie du même appel (1).

1. Demande de l'intéressé, modèle 7 (2).
2. Extrait des actes de naissance des deux frères.
3. Certificat délivré par le maire attestant que les
deux frères font partie du même appel.
4. Certificat d'ajournement de l'un d'eux.

C. Frères sous les drapeaux (1).

1. Demande de l'intéressé, modèle 7.
2. Extrait des actes de naissance des deux frères.
3. Certificat de présence, modèle 8, délivré par le
chef de corps.

---

(1) Dossier à produire au Conseil de révision. Les demandes produites
après la session d'août du Conseil de révision sont adressées au Recrutement
par l'intermédiaire de la Gendarmerie (art. 76).

(2) Si le sursis est demandé par l'aîné, il doit fournir en plus la renon-
ciation du plus jeune, qui a la priorité.

2° ARTICLE 21

D. *Pour convenances personnelles* (3).

1. Demande de l'intéressé, modèle 7.
2. Certificat, modèle 9 (4).
3. Avis motivé du conseil municipal, sur lequel le préfet mentionne ses observations, s'il y a lieu.

CLASSSE DE... COMMUNE DE...

Demande de sursis d'incorporation

Je soussigné (nom, prénoms), né le ... à . départ. de ... déclare demander en vertu de l'art. (20 ou 21) de la loi du 21 mars 1905, un sursis d'incorporation.

(Signature).

59. EMPLOIS RÉSERVÉS

Les emplois réservés par la loi aux militaires engagés ou rengagés, sont *énumérés* en trois tableaux correspondant au *grade*, et à la *durée des services* des candidats et *classés* en quatre catégories correspondant au *degré de connaissances exigées*.

CONDITIONS. — *Les sous-officiers* rengagés comptant au moins 10 ans de service dont 4 ans de sous-officier, peuvent concourir pour tous les emplois des tableaux E. F. G.

Les gradés comptant au moins 4 ans de services et *les soldats* ayant accompli au moins 5 ans de service dans la cavalerie ou dans l'artillerie des divisions de cavalerie, peuvent concourir °pour les emplois des tableaux F. et G.

Les autres militaires non gradés, comptant au moins 4 ans de services, ne peuvent obtenir que des emplois du tableau G.

---

(3) A remettre au maire dès la publication des tableaux de recensement. Toutefois, si le dossier n'a pu être constitué pour cette date, il peut être examiné, s'il est remis avant le 24 août à la Préfecture ; mais, dans ce cas, la demande doit indiquer le motif de cette production tardive,

(4) Suivant les motifs invoqués, ce certificat est établi par le maire, le patron, le directeur de l'établissement scolaire, le doyen de la faculté ou l'agent diplomatique.

Aucune durée de service n'est imposée aux militaires réformés ou retraités, pour blessures ou infirmités contractées au service.

DEMANDES. — Les militaires en activité remettent, à leur commandant d'unité, une demande qui est adressée au chef de corps ou de service par l'intermédiaire et avec l'avis des chefs hiérarchiques.

Les militaires libérés s'adressent au Général commandant le corps d'armée dont dépend le corps ou service dans lequel ils sont affectés en cas de mobilisation ; ceux qui n'ont pas d'affectation s'adressent au Général commandant le corps d'armée dont dépend le corps ou service qui les a libérés.

Nimes, le 15 Février 1914.

Le cavalier Bertrand Paul, de la classe 1903, domicilié à Nîmes, 19. Avenue Feuchères, réserviste du 1ᵉʳ Régiment de Hussards, à Monsieur le Général commandant le 16ᵉ corps d'armée.

Ayant accompli quatre années de services militaires, du 8 octobre 1904 au 7 octobre 1908, au 13ᵉ Régiment de chasseurs, j'ai l'honneur de vous prier de vouloir bien me proposer pour les emplois de :

Garde domanial des Eaux et Forêts, tableau G. 3ᵉ catégorie, et de Facteur rural, tableau G, 4ᵉ catégorie.

Je déclare que :

1° Je n'ai pas déjà été proposé pour un des emplois prévus aux tableaux E. F. G. annexés à la loi du 21 mars 1905 ;

2° Je n'ai pas déjà été classé et ne suis pas titulaire d'un de ces emplois ;

3° Je n'ai pas cessé d'occuper un des dits emplois :

4° Je désire être nommé dans les départements ci-après : Gard, Vaucluse, Hérault.

BERTRAND Paul.

(Ordre de préférence : 1° *Garde Domanial*, 2° *Facteur*).

4ᵉ CATÉGORIE

A. (Art. IV de l'Instruction Ministérielle,)

DOSSIER. — 1. Chemise verte, une pour chaque candidat, quel que soit le nombre d'emplois demandé.

2. Chemise jaune, une pour chaque emploi.

3. Mémoire de proposition, modèle 3.

4. Demande du candidat indiquant l'ordre de préférence des emplois demandés, dans le cas où l'intéressé demande simultanément plusieurs emplois (3).

5. Copie du carnet de notes (6).

6. Certificat de visite médicale indiquant la taille (5).

7. Avis du conseil de Régiment.

8. Appréciation du chef de corps ou de service, ou du général commandant la subdivision, sur la conduite, la tenue, la moralité et les aptitudes spéciales du candidat.

9. Etat signalétique et des services (1).

10. Relevé des punitions (1).

11. Etat indiquant les blessures, diplômes, brevets, certificats et mention des langues étrangères (1).

12. Extrait de naissance, papier libre (2).

13. Appréciation des aptitudes spéciales par un fonctionnaire de la police (4).

---

(1) Voir § C de l'article IV de l'Instruction ministérielle, pages 65-66.

(2) Pour les emplois de garde sédentaire, garde domanial, garde cantonniers, garde communal des Eaux et Forêts en France, préposé sédentaire et préposé actif des Eaux et Forêts en Algérie.

(3) Dans ce cas il faut établir autant de chemises jaunes modèle 4 qu'il y a d'emplois demandés ; mais les autres pièces ne sont produites qu'une fois pour *chaque catégorie d'emplois.* Toutefois, pour tous les emplois de 1ʳᵉ catégorie, chaque chemise jaune doit contenir un dossier complet. Vol. 36, page 63.

(5) Le dossier complet doit être établi et soumis à la Commission de classement, même quand le certificat médical conclut à l'*inaptitude physique.* (C. M. 9/3 1910. B. O. P. R.)

(6) Pour les candidats au sujet desquels les règlements prescrivent la tenue de ce carnet. (Circulaire ministérielle du 11 décembre 1909. Volume 22. Troupes métropolitaines. — Circulaire ministérielle du 20 juin 1903. Volume 5. Troupes coloniales). 4 dernières années.

14. Certificat d'équitation (7).

15. Extrait du casier judiciaire, bulletin n° 2.

16. Certificat de toisé, si une condition de taille est exigée.

17. Enquête de la gendarmerie, complétée par l'avis de l'officier commandant l'arrondissement (*pour les militaires libérés seulement*).

18. Copie du certificat d'examen et de vérification *pour les militaires retraités ou réformés pour blessures ou infirmités contractées au service.* (§ C. art. 4 de l'I.).

19. Dictée, pour les candidats soumis à cette épreuve.

B. (Art. X de l'Instruction Ministérielle.)

20. Certificat d'aptitude professionnelle.

21. Liste des candidats qui ont obtenu ce certificat.

22. Liste des candidats qui n'ont pas obtenu ce certificat (avec le motif de refus).

Sur le vu des pièces énumérées au § A qui précède, le chef de corps, pour les militaires en activité, le Général commandant la subdivision, pour les militaires libérés, apprécie s'il y a lieu de délivrer le certificat d'aptitude professionnelle et avise le candidat de la décision prise à son égard. Dans l'affirmative, il annexe au dossier les pièces numérotées 20, 21, 22 — (ces deux dernières ne sont établies qu'une fois quel que soit le nombre de candidats).

L'avis défavorable du conseil de régiment entraînant d'office le refus du certificat d'aptitude professionnelle, il n'est pas nécessaire de constituer les autres pièces du dossier pour les candidats qui ont fait l'objet de l'avis défavorable du conseil.

---

(4) Pour les emplois d'inspecteur de police, gardien de la paix, agents de police, agents de la sûreté, sergents de ville.

(7) Pour les préposés actifs des forêts en Algérie, les palefreniers des Haras et des Dépôts d'étalons.

3ᵉ CATÉGORIE

(Art. 15 du Décret et art. X de l'I. M.)

Le dossier des candidats aux emplois de la 3ᵉ catégorie, établi dans la forme indiquée ci-dessus pour la 4ᵉ catégorie (*pièces 1 à 18 inclus*), est adressé au Président de la commission d'examen qui reçoit également, par l'intermédiaire des commandants d'armes, le pli cacheté contenant les sujets de composition.

Les membres de la commission sont convoqués par le président.

Les candidats sont convoqués par le chef de corps ou de service, pour les militaires en activité, et par le Général commandant la subdivision, pour les militaires libérés.

Opérations à exécuter par la Commission. — La commission constate l'identité des candidats et procède à leur examen ; elle corrige les compositions, elle accorde ou elle refuse le certificat d'aptitude professionnelle, elle avise les candidats de sa décision par l'intermédiaire du commandant d'armes en retournant, aux autorités qui les ont établis les dossiers des candidats qui n'ont pas obtenu le certificat d'aptitude professionnelle ; elle complète les chemises jaunes en ce qui concerne le résultat de l'examen ; elle dresse procès-verbal de la séance et elle transmet au Général commandant le corps d'armée le dossier des candidats à qui elle a délivré le certificat.

DOSSIER. — Le dossier ainsi transmis doit comprendre :

1° Les pièces énumérées de 1 à 18 inclus sous le titre 4ᵉ catégorie (Voir à ce titre).

2° Les pièces ci-après :

1. — Certificat d'aptitude professionnelle.

2. — Liste des candidats qui ont obtenu le certificat d'aptitude.

3. — Liste des candidats qui n'ont pas obtenu le certificat (*avec le motif du refus et la moyenne des notes obtenues à l'examen*).

4. — Compositions écrites.

5. — Sujet des compositions données.

6. — Procès-verbal de la séance.

2ᵉ et 1ʳᵉ CATÉGORIE

Comme pour la 3ᵉ catégorie, sauf que le certificat d'aptitude aux emplois de 1ʳᵉ catégorie est délivré à Paris, par la commission centrale, et que l'examen pour les 1ʳᵉ et 2ᵉ catégories est passé, au chef-lieu de chaque corps d'armée, devant la commission régionale.

En outre, il faut produire les pièces particulières énumérées dans la colonne 4 des tableaux détaillés qui font suite à l'Instruction Ministérielle du 19 juillet 1910. Volume 36.

EMPLOIS RÉSERVÉS.

Proposition renouvelée.

Les demandes de renouvellement de proposition doivent parvenir au Ministre 20 jours au plus après la publication de la liste de classement au « Journal officiel ».

Les candidats en activité adressent leur demande au chef de corps ou de service, les candidats libérés l'adressent au Général commandant la subdivision.

DOSSIER. — 1. Demande du candidat.

2. Chemise jaune (pour chaque emploi).

3. Certificat d'aptitude professionnelle si le candidat demande en même temps des emplois de *même catégorie* pour lesquels il n'aurait pas déjà obtenu ce certificat.

4. Certificat médical si celui précédemment fourni remonte à plus d'une année ou si la demande concerne un nouvel emploi.

5. Relevé des punitions pour les candidats en activité.

.6 Rapport de gendarmerie pour les candidats libérés. (Art. XIV de l'Inst. Minist. du 19 juilet 1910. Vol. 36).

60. RÉDUCTION DE TARIF POUR LE TRANSPORT DES FAMILLES DE MILITAIRES DÉPLACÉS

(I. M. du 11 décembre 1903)

Les militaires déplacés pour le service qui désirent bénéficier des réductions de tarif pour le transport de leur famille, doivent en faire la demande dès qu'ils ont connaissance de leur mutation. Cette demande est visée par le chef de corps, de détachement ou de service qui l'adresse *directement* au Ministre de la Guerre. Faire une demande pour chaque réseau. Modèle :

Place de...   Inst. Minist du 11-12 1903.
Corps ou Service.   *Réseau de...*

Le (nom, grade, corps) en résidence à...... désigné pour occuper un emploi de son grade à...... demande une réduction de tarif pour le transport en   classe de....... à....... de sa famille composée de....... (nombre de personnes et degré de parenté avec l'intéressé).

(Expliquer ici, s'il y a lieu, les motifs pour lesquels le point de départ ou de destination n'est pas le même pour la famille que pour le militaire.   'Signature).

Vu et transmis

A...... le ......

Le chef de corps, de détachement ou de service.

---

61. — VILLA FURTADO-HEINE

Peuvent être admis à la Villa :

Les officiers en activité ; les officiers en non activité pour infirmités temporaires ; les officiers retraités, pendant le délai de cinq ans qui suit la date de leur radiation des contrôles de l'activité ; les officiers de réserve ou de territoriale convalescents de maladies ou infirmités contractées pendant les périodes d'instruction.

DOSSIER. — 1. Demande de l'officier à l'adresse du Général gouverneur de Nice, contenant l'indication de la période de préférence et du lieu où doit être adressé le bulletin d'admission.

2. Certificat de visite et de contre-visite mentionnant que l'intéressé peut supporter le voyage et ne se trouve dans aucun des cas d'exclusion prévus à l'art. 3 de l'Inst. Minist. du 7 novembre 1902 (apopleatiques, cardiophatiques, etc.).

3. Copie du certificat d'origine, pour les officiers retraités et les officiers de Réserve ou de Territoriale seulement.

NOTA. — Le dossier est transmis *directement* au Gouverneur de Nice avec l'*avis* de l'autorité militaire qui fait cette transmission *chefs de corps ou de service, généraux commandant les subdivisions, médecins chefs des hôpitaux, etc.*).

L'admission, prononcée d'abord pour *un mois*, est susceptible de prolongation de 1 ou 2 mois, prononcée par le Gouverneur de Nice.

L'officier admis doit être porteur d'un titre de congé, s'il est en activité ; dans ce cas, il a droit aux frais de déplacement comme pour les eaux minérales. (Adresser au Général commandant le corps d'armée, par la voie hiérarchique, une demande accompagnée de la copie du bulletin d'admission).

---

62. INTERNEMENT DES MILITAIRES DANS LES ASILES D'ALIÉNÉS.

(Loi du 30 juin 1838 et art. 544 du Règlement sur le service de santé. Vol. 80.)

Les Militaires qui sont en situation d'être internés dans un établissement d'aliénés, doivent être signalés au Général commandant la subdivision, par les chefs de corps ou de service, ou par le commandant de détachement.

DOSSIER. — 1. Demande d'internement établie par le Général commandant la subdivision.

2. Relevé des services.

3. Certificat du médecin chef indiquant les caractères de la maladie et constatant l'état mental du militaire, ainsi que la nécessité de l'interner dans un asile d'aliénés.

Le dossier est adressé au Préfet du département qui statue (à Paris, au Préfet de police).

En cas de danger imminent attesté par un certificat médical ou par la notoriété publique, le Commissaire de Police à Paris et le Maire dans les autres communes qui ne sont pas le siège d'un chef-lieu de département, peut ordonner l'internement, mais cette mesure provisoire doit être ratifiée par le Préfet dans les 24 heures.

63. ALLOCATIONS AUX SOUTIENS DE FAMILLE

A. Armée active

Les demandes d'allocations à titre de soutien de famille, présentées par les *militaires de l'armée active* sous les drapeaux, doivent être remises au Maire de la commune du domicile qui en donne récépissé.

Le pétitionnaire doit déclarer dans cette demande que ni lui, ni sa famille ne sont imposés dans une commune autre que celles pour lesquelles il est produit un relevé des contributions.

Il joint à sa demande le relevé des contributions payées par sa famille, certifié par le percepteur et un relevé des services du militaire présent au corps.

Le dossier est complété par les soins de la Mairie et transmis au Préfet avec l'avis motivé du conseil municipal.

B. Réserve et Armée Territoriale

Les *Réservistes ou Territoriaux* fournissent la *carte postale avis* (qu'ils reçoivent du recrutement) au lieu du relevé des services. — Ils doivent indiquer le nom de la personne désignée pour percevoir le montant de l'allocation.

64. MÉDAILLE COLONIALE
(Décret du 6 mars 1894 et I. M. du 16 mars 1894. Vol. 30.)

A. Militaires dans leurs foyers

1. Demande de l'intéressé remise à la gendarmerie qui la transmet au Général commandant la subdivision

chargé de faire compléter le dossier. Cette demande doit indiquer ses nom, prénoms, adresse, grade, numéro matricule, les campagnes donnant droit à la médaille et le corps dans lequel il servait lors de chaque campagne.

2. Extrait du casier judiciaire, bulletin n° 2.

3. Relevé des services, ou pièce en tenant lieu (*livret individuel, congé de libération*).

4. Bordereau individuel sur lequel sont mentionnées les campagnes donnant droit à la Médaille, ainsi que les renseignements relatifs à la conduite de l'intéressé pendant sa présence sous les drapeaux. Dans le cas où l'autorité militaire qui établit le dossier conclut à la non-délivrance pour inconduite, il y a avantage à joindre un relevé des punitions, bien que cette pièce ne soit pas formellement exigée (Art. 3 du décret).

· B. *Militaires en activité*

1. Demande de l'intéressé.

2. Relevé des services.

3. Extrait du casier judiciaire, bulletin n° 2.

4. Bordereau individuel, comme ci-dessus.

· NOTA. — L'extrait du casier judiciaire n'est pas exigé pour les officiers des réserves dont la demande est visée par le chef de corps, ni pour les militaires décorés de la Légion d'Honneur ou de la Médaille Militaire qui produisent un certificat du maire constatant qu'ils sont titulaires de l'une de ces décorations.

65. SECOURS ÉVENTUELS
(Instruction Ministérielle du 27 août 1886. Vol. 61.)

Les personnes qui sollicitent des secours de cette nature peuvent être rangées en quatre catégories, suivant la durée des services invoqués :

A. *Anciens militaires ayant accompli* 13 *ans de services* (7).

B. *Anciens militaires ayant accompli au moins* 6 *ans de services* EFFECTIFS.

---

(7) Calculés de la date de l'incorporation à celle de la libération définitive. (C. M. du 13 mars 1896.)

C. *Anciens militaires ayant accompli moins de 6 ans de services.*

D. *Veuves, ascendants ou descendants de militaires des trois catégories ci-dessus.*

A. 1re PROPOSITION (4)

Les dossiers de propositions établis en faveur des pétitionnaires qui n'ont encore touché aucun secours, doivent comprendre pour les 4 catégories ci-dessus les pièces suivantes :

ANCIENS MILITAIRES OU AGENTS du département de la guerre	VEUVES	ORPHELINS	ASCENDANTS
1° Etat régulier de leurs services ou copie certifiée du titre de pension ; 2° Certificat de la mairie de leur résidence ; 3° Demande de l'intéressé.	1° Etat de services du mari ou copie certifiée : 2° Extrait de leur acte de mariage ; 3° Extrait de l'acte de décès du mari. (Pour les veuves pensionnées, la lettre de notification de pension ou une copie certifiée de ce titre peut remplacer les 3 pièces ci-dessus) ; 4° Certificat de position délivré par l'autorité civile ; 5° Demande de l'intéressé. (Les veuves remariées produisent un acte de leur second mariage. Si elles redeviennent veuves, l'acte de décès du second mari est exigible.)	1° Etat des services du père ou copie certifiée : 2° Acte de naissance des postulants ; 3° Acte de mariage des parents (s'il s'agit d'enfants légitimes) : 4° Acte de décès des père et mère (s'il s'agit d'enfants légitimes, ou du père seul s'il s'agit d'enfants naturels reconnus) ; 5° Certificat de l'autorité civile relatif à la position ; 6° Demande de l'intéressé. (Les filles mariées fournissent un acte de leur mariage. Si elles deviennent veuves, l'acte de décès du mari doit être produit.)	1° Etat des services de leurs enfants morts au service ou copie certifiée ; 2° Acte de décès de ces enfants ; 3° Acte de mariage ces père et mère ; 4° Acte de décès du père (si la mère seule existe) ; 5° Certificat de position : 6° Demande de l'intéressé.

Plus le mémoire de proposition (5) et l'enquête de la Gendarmerie.

---

(4) Toutes les propositions ayant trait aux ayants-droit des Troupes Coloniales doivent être adressées sous le timbre « *Service Intérieur*, 4° *Bureau, Secours* » et porter d'une façon apparente la mention « *Secours coloniaux* ». (D. M. n. 24/S du 1er septembre 1910.)

(5) Modèle 1, Volume 61, page 165.

B. Propositions renouvelées (4)

A) Anciens militaires ayant accompli 13 ans de service (7).

1. Demande de l'intéressé (1).
2. Certificat de vie délivré par le maire (1).

(Ces demandes ne comportent ni enquête de la gendarmerie, ni proposition de l'autorité militaire).

B) Anciens militaires ayant accompli au moins 6 ans de services EFFECTIFS (3).

Dans le courant du douzième mois qui suit la précédente allocation, le Ministre adresse aux Généraux commandant les subdivisions, la liste des anciens militaires qui ont à fournir un certificat de position de famille (2), seule pièce à produire par les soldats de 7 ans déjà secourus.

Ce certificat est mis à l'appui de la liste visée ci-dessus qui est retournée au Ministre et tient lieu de mémoire de proposition.

C) Anciens militaires ayant accompli moins de 6 ans de service.

D) Veuves, ascendants et descendants des anciens militaires des catégories A. B. C.

1. Mémoire de proposition modèle 1 (5).
2. Demande du pétitionnaire (6).

---

(1) A adresser en franchise directement au Ministre de la Guerre, par l'intéressé.

(2) Doit indiquer les ressources du pétitionnaire ainsi que sa situation de famille, c'est-à-dire l'âge et la position de chacun de ses enfants.

(3) Ceux de ces anciens militaires qui seraient titulaires d'une pension, d'une gratification ou d'un bureau de tabac d'un revenu supérieur à cent francs ou qui seraient hospitalisés gratuitement restent régis par les dispositions applicables au renouvellement des propositions concernant les anciens militaires de la catégorie C.

(4) Toutes les propositions ayant trait aux ayants-droit des Troupes Coloniales doivent être adressées sous le timbre « *Service Intérieur*, 4e *Bureau, Secours* » et porter d'une façon apparente la mention « *Secours coloniaux* ». (D. M. n. 24/S I du 1er septembre 1910.)

(5) Modèle 1, Volume 61, page 165.

(6) A adresser au Général commandant la subdivision, en franchise par l'intermédiaire de la Gendarmerie ou du Maire.

(7) Calculés de la date de l'incorporation à celle de la libération définitive. (C. M, du 13 mars 1896.)

3. Certificat de position de famille, délivré par le Maire.

4. Enquête de la gendarmerie.

---

66. RÉVERSION DE SECOURS

(Art. 29. I. M. 27 août 1886.)

La réversion d'un secours non perçu par le titulaire décédé, peut être préposée en faveur de personnes (conjoints ou parents) ayant donné des soins au défunt ou ayant subvenu aux frais d'inhumation.

DOSSIER. — 1. Demande de l'intéressé remise à la Gendarmerie ou au Maire qui l'adresse en franchise au Général commandant la subdivision).

2. Enquête de la Gendarmerie faisant ressortir si le pétitionnaire a donné des soins au défunt ou a supporté les frais d'inhumation.

3. Bulletin de décès.

4. Certificat établi par le Sous-Intendant et constatant que le secours dont la réversion est demandée n'a pas été perçu.

Ces 4 pièces sont réunies dans un bordereau d'envoi tenant lieu de mémoire de proposition et sur lequel est mentionné l'avis du Général commandant la subdivision qui a l'initiative de la dite proposition.

NOTA. — Ces demandes ne peuvent être accueillies lorsque le titulaire du secours est décédé avant la décision qui a accordé l'allocation. (Dép. du Sous-Secrétaire d'Etat, 1er Bureau. Mars 1910). Service intérieur.

---

67. RÉVERSION DES GRATIFICATIONS

Même dossier que pour la réversion des secours. (Art. 24 de l'I. M. du 31 mars 1906. Vol. 66. 2. page 26).

68. SECOURS AUX FAMILLES DES MILITAIRES DES TROUPES COLONIALES

(D. M. n° 173 4 8 du 15 janvier 1908.)

Ces secours sont destinés à venir en aide aux militai-res engagés ou rengagés des troupes coloniales dans des circonstances exceptionnelles, telles que le décès ou la maladie de la femme, d'un enfant et, en général, d'un parent dont le militaire est le soutien.

DOSSIER. — 1. Demande du militaire (à remettre au Commandant de l'unité qui la fait parvenir au Chef de corps).

2. Relevé des services.

Ces deux pièces sont transmises directement au Général commandant la subdivision dont dépend la résidence de la famille du militaire.

3. Pièces d'état civil nécessaires pour justifier la parenté.

4. Certificat de position de famille délivré par le Maire.

5. Rapport d'enquête de la Gendarmerie.

6. Mémoire de proposition du modèle donné par l'Inst. Minist. du 27 août 1886, établi au nom du parent objet de la proposition et contenant l'avis motivé du Général commandant la subdivision sur la quotité du secours à accorder. (*En principe, de 50 à 100 francs*).

---

69. RAPPEL DES MILITAIRES EN CONGÉ

Les militaires en permission ou en congé qui sont signalés pour inconduite, ou qui se rendent coupables de faits délictueux, peuvent être rappelés au Corps par le Général commandant la subdivision avant l'expiration de leur permission ou congé.

Ceux qui seraient en congé de convalescence sont soumis, à leur arrivée au corps, à un examen médical et hospitalisés si c'est nécessaire (art. 229 du décret du 20 mai 1903 et C. M. du 2 juin 1891).

70. DÉLAIS

Les officiers, les sous-officiers rengagés ou commissionnés et les gendarmes qui se déplacent *isolément* par suite d'un changement définitif de résidence, ont droit à un délai de quatre jours pleins qui s'ajoutent à la durée du voyage à moins d'ordre contraire. (Service Cour., Art, 219).

En France, tout officier objet d'une mutation est rayé des contrôles 15 jours après la publication de cette mutation au *Journal Officiel*, le jour de la publication étant compris dans le décompte des 15 jours. (Instr. Minist. du 22 novembre 1904, vol .22). La durée du déplacement et les quatre jours de délais de route commencent à courir à partir du 16ᵉ jour.

Pour l'Algérie et la Tunisie, le délai de 15 jours commence à courir du jour compris où l'officier a été touché par un avis de mutation établi par son chef de corps ou de service, d'après le *Journal Officiel*.

71. DEMANDE D'AFFECTATION

Tout officier sur le point d'être promu ou muté, peut produire une demande indiquant l'affectation qu'il désire recevoir.

La D. M. 4541 C/1 du 30 octobre 1913 *prescrit* d'utiliser pour ces demandes les formules imprimées du Modèle 23 de l'Instruction sur le service courant, vol, 74.

72. SURSIS D'ARRIVÉE

Les demandes de permissions à titre de sursis d'arrivée. des officiers qui changent de corps (promotion ou mutation) sont adressées *directement* par l'officier, à son nouveau chef de corps ou de service. (Serv. Cour., art. 219).

73. CONGÉS POUR AFFAIRES PERSONNELLES
(Art. 30 du décret du 1ᵉʳ mars 1890. Vol. 86).

Les congés pour affaires personnelles ne peuvent excéder 3 mois ; ils sont accordés dans les conditions ci-après :

1ᵒ Avec solde de présence, si les motifs invoqués se rapportent au service militaire ou résultent de ce service.

Avec solde d'absence, dans les autres cas.

Aux Officiers, *par le Général commandant le Corps d'armée.*

Aux sous-officiers rengagés ou commissionnés, aux caporaux et sapeurs rengagés du Régiment de sapeurs-pompiers de Paris et aux cavaliers de manège *par le Général de brigade.* C. M. 30 mars 1908 p. s.)

2ᵒ Sans solde.

Aux militaires autres que ceux désignés, ci-dessus, qui servent au-dela de la durée légale de service, *par le Général de Brigade.*

DOSSIER. — 1. Demande de l'intéressé précisant, le cas échéant, la localité où il désire percevoir sa solde ; cette demande doit être adressée par la voie hiérarchique à l'autorité désignée ci-dessus qui a qualité pour statuer.

2. Bulletin modèle 2, portant l'avis des autorités hiérarchiques.

3. Titre de congé.

NOTA. — L'officier nouvellement promu ou muté qui demanderait *un congé pour affaires personnelles*, avant de rejoindre, devrait adresser sa demande à son nouveau Chef de corps par l'intermédiaire du Chef de Corps qu'il doit quitter ; celui-ci la transmet avec son avis. (Serv. Cour., art. 219, modifié).

---

74. CONGÉS POUR RAISONS DE SANTÉ

L'officier nouvellement promu ou muté qui ne pourra rejoindre son nouveau corps pour raisons de santé sera examiné dans l'hôpital militaire le plus voisin de sa résidence. Le certificat de visite et de contre-visite contenant la description minutieuse des symptômes observés et les conclusions des médecins, sera transmis au Ministre (Direction de l'Arme) qui statuera. (Art. 219 du service courant modifié le 14 décembre 1910).

75. CONGÉS EN ATTENDANT RETRAITE, RÉFORME, etc.

Tout officier proposé pour quitter le corps par retraite, réforme ou non-activité peut, en attendant que sa position soit réglée définitivement, obtenir du Général de Brigade un congé sans limite de durée. (Serv. Cour., Art. 260). Par extension, cette mesure est appliquée aux officiers démissionnaires.

76. CONGÉS POUR ALLER FAIRE USAGE DES EAUX

(Art. 336 et 343 du décret du 25 nov, 1889.)
(Vol. 80 et art. 42 du décret du 1er mars 1890. Vol. 86)

Les officiers subalternes envoyés dans les stations d'eaux minérales sont, *en principe*, hospitalisés ; ils n'ont pas, par conséquent, à se munir de titre de congé et sont dirigés sur les hôpitaux au moyen d'une feuille de déplacement *avec* ou *sans indemnité*, suivant qu'ils ont ou non obtenu l'allocation des indemités de déplacement pour le trajet.

Pour obtenir cette allocation, ils doivent adresser au Général commandant le corps d'armée, par la voie hiérarchique, une demande accompagnée de la copie du certificat de visite et de contre-visite, modèle 17.

Les officiers subalternes qui ne pourraient être hospitalisés, faute de places disponibles, ou qui n'auraient pas demandé à être hospitalisés, et les officiers supérieurs, doivent, pour aller faire usage des eaux minérales, demander un congé au Général de Brigade. Ces congés ne peuvent dépasser deux mois ; leurs titulaires peuvent obtenir l'allocation des frais de déplacement comme il est dit ci-dessus.

DOSSIER. — 1. Demande de l'intéressé, indiquant la localité où il désire toucher sa solde, s'il demande en même temps la solde de présence.

2. Certificat de visite et de contre-visite, modèle 17.

3. Bulletin, modèle 2.

4. Titre de congé.

NOTA. — Les demandes de gratuité de traitement dans les établissements d'eaux minérales ne dépendant pas du Ministère de la Guerre, doivent être adressées au Ministre avant le 1er avril de chaque année ; elles doivent être transmises par l'intermédiaire et avec l'avis des chefs hiérarchiques et contenir des renseignements sur les ressources des intéressés (solde, indemnités, ressources particulières, etc...). Joindre à la demande le certificat de visite et de contre-visite. (D. M. 3487 2/7 du 24 mars 1908).

---

77. CONGÉS DE TROIS ANS

SANS SOLDE INTERRUPTEURS DE L'ANCIENNETÉ
(C. M. 4 novembre 1902.)

Ces congés sont accordés par le Ministre, aux officiers qui ont au moins 8 ans de services et 4 ans de grade d'officier.

L'intéressé n'a à produire qu'une demande qui est transmise par l'intermédiaire et avec l'avis des autorités hiérarchiques.

Dans cette situation, l'officier reste à la disposition du Ministre de la Guerre : il peut être réintégré soit sur sa demande, soit d'office, avant l'expiration de son congé.

Toutes les demandes qu'il aurait à formuler pendant son congé doivent passer par le Général commandant la subdivision de sa résidence.

78. CONGÉS POUR L'ÉTRANGER

(Art. 43 du décret du 1er mars 1890 et note minist. du 28 février 1893.

Les congés pour l'étranger sont accordés par le Ministre qui en règle les conditions au point de vue de la solde.

L'officier adresse sa demande, par la voie hiérarchique, en indiquant les raisons invoquées pour justifier l'allocation de ce congé et de la solde qu'il demande à percevoir pendant la durée de ce congé.

DOSSIER. — 1. Demande indiquant, autant que possible, l'itinéraire projeté.

2. Bulletin modèle 2, portant l'avis des autorités hiérarchiques.

NOTA. — Il est inutile d'y joindre un titre d'absence, cette pièce est établie au Cabinet du Ministre sur un imprimé spécial.

---

79. CONGÉS POUR VOYAGES D'ÉTUDES
(Art. 30 du décret du 1er mars 1890. Vol. 86.)

Ces congés comportent toujours la solde de présence quand le motif invoqué se rapporte au service militaire.

(a) EUROPE, ALGÉRIE OU TUNISIE

Sont accordés par le Ministre avec solde de présence, d'absence ou sans solde et ne peuvent excéder trois mois.

(b) HORS D'EUROPE, D'ALGÉRIE OU DE TUNISIE

Sont accordés par le Ministre avec solde de présence, d'absence ou sans solde. Ne peuvent en principe excéder un an.

DOSSIER. — 1. Demande indiquant le pays où l'intéressé doit séjourner et autant que possible, l'itinéraire projeté.

2. Bulletin, modèle 2. Il est inutile d'y joindre un titre d'absence. Cette pièce est établie au Cabinet du Ministre sur un imprimé spécial).

NOTA. — Les congés visés au § (a) ci-dessus peuvent également être accordés pour une durée de six mois, à un petit nombre de Lieutenants candidats à l'école de guerre, pour lesquels le Ministre se réserve de fixer la date du congé. Les Généraux commandant les Corps d'armée adressent au Ministre pour le 15 avril de chaque année le nom d'un lieutenant avec l'indication du pays pour lequel le congé est demandé.

Les intéressés n'ont à produire par conséquent qu'une demande écrite qui est transmise au Corps d'armée avec les avis des autorités hiérarchiques.

---

80. CONGÉS SPÉCIAUX D'UN AN AU PLUS

(Art. 32 du décret du 1er mars 1890. Vol. 86.)

Ces congés qui ont pour but de faire face à des situations particulièrement intéressantes, sont accordés par le Ministre . AVEC SOLDE DE PRÉSENCE, D'ABSENCE OU SANS SOLDE, aux officiers et sous-officiers rengagés ou commissionnés, aux caporaux et sapeurs rengagés du régiment de sapeurs-pompiers de Paris et aux cavaliers de manège, SANS SOLDE aux hommes de troupe servant au delà de la durée légale du service.

DOSSIER. — 1. Demande motivée de l'intéressé.
2. Titre du congé.
3 Bulletin, n° 2

81. PERMISSIONS POUR L'ÉTRANGER

(OFFICIERS ET HOMMES DE TROUPE).

Sont accordées par les Généraux commandant les corps d'armée, sur demande des intéressés, adressées par la voie hiérarchique.

DOSSIER. — 1. Demande motivée de l'intéressé.

2. Bulletin n° 2.

3. Titre de congé.

4. Autorisation de séjour du Gouvernement étranger, pour les cas où le séjour est subordonné à cette autorisation. D. 1er mars 1890. Art. 11).

NOTA. — Pour la Belgique, les permissions aux hommes de troupe sont accordées par les chefs de corps. (D. M. 2062 K du 11-2-1914).

---

82. PRYTANÉE MILITAIRE DE LA FLÈCHE

Cette école reçoit des boursiers des demi-boursiers et des pensionnaires. — Prix de la pension, 850 francs, non compris le trousseau estimé environ 350 francs (1).

CONDITIONS. — Les candidats à l'obtention de bourse ou de demi-bourse doivent remplir les conditions ci-après :

Être fils d'officier (en activité, en retraite. décédé ou réformé pour blessures ou infirmités) ou d'employé de l'Administration Centrale de la Guerre.

Avoir, au 1er octobre de l'année de l'admission, 10 ans révolus et moins de 11 ans, pour entrer en 6e ; moins de 16 ans pour entrer en 1re.

Justifier, à la suite d'un examen, qu'ils sont en état de suivre la classe dans laquelle ils doivent entrer en raison de leur âge.

DOSSIER. — 1. Demande sur papier timbré à 0.60.

2. Acte de naissance de l'enfant sur papier timbré et revêtu des formalités prescrites par la loi.

---

(1) Le dossier doit être adressé entre le 16 avril et le 15 mai au Préfet du domicile de l'intéressé.

3. Certificat médical (*délivré par un médecin civil attaché à un hospice civil, ou par un médecin militaire*) dûment légalisé et constatant que l'enfant a eu la petite vérole ou qu'il a été vacciné et qu'il n'est atteint ni d'affection chronique, ni de maladie contagieuse.

4. Certificat de bonne conduite (2).

5. Livret scolaire ou relevé de notes (2).

6. Relevé des services du père.

7. Relevé du rôle des contributions.

8. Etat de renseignements sur la position de fortune du candidat ou de sa famille.

83. CANDIDATS AUX ÉCOLES MILITAIRES PRÉPARATOIRES D'ENFANTS DE TROUPE

(Inst. Minist. du 10 octobre 1901. Vol. 32-2.)

Les militaires ou anciens militaires qui ont des candidats à présenter aux places d'enfants de troupe, doivent adresser leur demande avant le Ier juillet :

a). — *Les militaires des corps de troupe, au Président du Conseil d'administration.*

b). — *Ceux n'appartenant à aucun corps de troupe, au Général commandant le Corps d'armée, par l'intermédiaire du Chef de service.*

c). — *Les anciens militaires des troupes de terre, au Général commandant le Corps d'armée, par l'intermédiaire du commandant d'armes ou de la gendarmerie.*

d). — *Ceux des troupes de mer, directement aux corps de la marine intéressés.*

CONDITION. — Etre fils de militaire en activité (*jusqu'au grade de capitaine inclus*) ou de militaire décédé (*jusqu'au grade d'officier supérieur*), ou de militaire en retraite complète ou proportionnelle, ou de militaire réformé n° I avec gratification renouvelable.

(2) Délivré, s'il y a lieu, par le chef de l'établissement dans lequel le candidat a commencé ses études.

DOSSIER. — 1. Mémoire de proposition, modèle 5 (1).

2. Demande du père, de la mère ou du tuteur et déclaration, modèle 1.

3. Certificat, modèle 2 (2).

4. Acte de naissance sur papier libre, revêtu des formalités prescrites par la loi.

5. Relevé des services du pèr .

6. Certificat médical d'un médecin militaire, mod. 3.

7. Certificat d'études primaires, ou copie (3).

8. Acte de mariage des parents, papier libre.

---

84. MAISONS D'ÉDUCATION DE LA LÉGION D'HONNEUR.

Les places *gratuites* d'élèves des maisons d'éducation de la Légion d'Honneur sont réservées aux filles des membres de l'Ordre de la Légion d'Honneur sans fortune.

CONDITIONS. — Etre âgée de neuf ans au moins et de douze ans au plus, au moment de la rentrée des classes (premiers jours d'octobre) ; être en état de subir, au mois de mai précédent, un examen comportant une dictée, une rédaction simple, des notions sommaires d'histoire, de géographie et d'arithmétique, et une épreuve de couture (marque et ourlet). Le Certificat d'études primaires dispense de l'examen.

DOSSIER. — 1. Demande d'admission sur papier timbré, faisant connaître, à titre d'indication, celle des trois Maisons où l'on préférerait voir entrer l'enfant.

2. Acte de naissance, également sur timbre.

---

(1) Est établi par le Conseil d'administration du corps désigné pour instruire la demande.

(2) Délivré par le Maire pour les fils d'anciens militaires et par le Chef de corps ou de service pour les fils de militaire en activité.

(3) N'est exigé que pour les candidats qui ont l'âge pour entrer dans une école militaire préparatoire et, dans ce cas, la déclaration à fournir par les parents, pièce n° 2, doit être conforme au modèle 4 et non au modèle 1.

3. Déclaration du père ou du tuteur indiquant quel culte pratique l'enfant, et production de son acte de baptême, s'il y a lieu.

4. Certificat de médecin, constatant que l'enfant a eu la petite vérole ou a été vaccinée, qu'elle n'a aucun vice de conformation et qu'elle n'est atteinte d'aucune maladie chronique ou contagieuse. (Si le certificat est délivré par un médecin civil, la signature devra être légalisée).

5. Copie dûment certifiée de l'état de services du père.

6. Déclaration signée établissant que l'enfant dont on demande l'admission *gratuite* n'a pas eu de sœur déjà élevée à ce titre, dans une des Maisons d'éducation.

7. Les familles qui n'ont pas leur domicile dans les départements de la Seine ou de Seine-et-Oise, devront en outre faire connaître le nom, l'adresse et la qualité d'une personne y résidant qui servirait de correspondant à l'élève et s'engagerait à la recevoir dans tous les cas où sa sortie, soit temporaire, soit définitive, serait ordonnée par le Grand Chancelier.

TROUSSEAU. — Le prix du trousseau est de 300 fr. ; il est fourni par l'établissement et est exigible à la Maison de Saint-Denis *seulement*.

En conséquence, il devra être produit à l'appui de toute demande d'admission gratuite *à la Maison de Saint-Denis* un engagement de verser dans une caisse des finances la somme indiquée ci-dessus.

NOTA. — Des élèves payantes peuvent être admises aux frais des familles. Le prix de la pension est de 1.000 francs par an pour Saint-Denis et de 700 francs par an pour les Maisons d'Ecouen et des Loges. En outre, les parents auront à solder le prix du trousseau, qui est exigible pour toutes les élèves *payantes des trois Maisons d'éducation*, soit 300 francs pour Saint-Denis et 250 francs pour Ecouen et Les Loges.

85. PROPOSITION POUR L'ADMISSION DES SOUS-OFFICIERS A L'ÉCOLE D'ADMINISTRATION MILITAIRE

(I. M. 23 novembre 1913.)

CONDITIONS. — Avoir au moins 2 ans de grade au 15 octobre de l'année de la proposition (*exceptionnellement cette date est reportée au 15 décembre pour les candidats au concours de 1915*).

Justifier d'une connaissance suffisante des matières du concours et avoir l'aptitude physique exigée pour suivre l'enseignement de l'école. Posséder le certificat d'aptitude à l'emploi de chef de section ou de peloton.

DOSSIER. — 1. Mémoire de proposition, modèle 1.

2. Copie du carnet de notes, même si le candidat n'est pas rengagé.

3. Certificat d'aptitude à l'emploi de chef de section, ou Certificat d'aptitude professionnelle.

4. Certificat d'aptitude physique.

5. Acte de naissance.

6. Note faisant connaître si le candidat a demandé à être interrogé sur les langues vivantes et lesquelles.

7. Mémoire de proposition des années précédentes si le candidat a déjà été proposé.

8. Déclaration indiquant la liste, par ordre de préférence, des écoles ou divisions d'école dans lesquelles le candidat désirerait entrer en cas d'admission simultanée.

9. Les propositions d'un même corps ou service sont réunies par section ou spécialité, dans un état récapitulatif, modèle 2 et adressées au Général commandant le corps d'armée, pour le 1er février.

CONCOURS. — Le concours comporte des épreuves écrites d'admissibilité portant sur l'instruction générale et des épreuves orales portant sur l'instruction générale et sur l'instruction technique d'après le programme annexé à l'Inst. Minist. du 23 novembre 1913).

NOTA. — Les sous-officiers inscrits sur les listes

d'admission sont nommés aspirants à la date du 1er octobre, et mis en route de manière à se présenter à l'Ecole au jour fixé par un avis inséré au *Journal officiel.*

---

86. — PROPOSITION POUR L'ADMISSION AUX ÉCOLES DE SOUS-OFFICIERS, ÉLÈVES OFFICIERS

(I. M. 22 novembre 1913.)

CONDITIONS. — Avoir au moins 2 ans de grade au 15 octobre de l'année de la proposition (*exceptionnellement cette date est reportée au 15 décembre pour les candidats au concours de 1915.*

Justifier d'une connaissance suffisante des matières du concours.

Etre muni du certificat d'aptitude à l'emploi de chef de section ou de peloton ; avoir rempli, à la date du 1er avril de l'année du concours, les fonctions de sous-officier comptable pendant 4 mois au moins et posséder l'aptitude physique exigée pour suivre l'enseignement de l'école.

DOSSIER. — 1. Mémoire de proposition, modèle 1.

2. Copie du carnet de notes, même si le candidat n'est pas rengagé.

3. Certificat d'aptitude physique.

4. Certificat d'aptitude à l'emploi de chef de section ou de peloton.

5. Acte de naissance.

6. Certificat du chef de corps attestant que le candidat a rempli pendant 4 mois au moins des fonctions de sous-officier comptable.

7. Note faisant connaitre si le candidat a demandé à être interrogé sur les langues vivantes et lesquelles.

8. Mémoire de proposition des années précédentes si le candidat a déjà été proposé

9. Déclaration indiquant la liste, par ordre de préférence, des écoles ou divisions d'école dans lesquelles le candidat désirerait entrer en cas d'admission simultanée.

10. Les propositions d'un même corps ou service sont réunies dans un état récapitulatif, modèle 2, et adressées au Général commandant le corps d'armée pour le 1ᵉʳ février, — distinctement par écoles ou divisions d'école.

CONCOURS. — Le concours comporte des épreuves écrites d'admissibilité portant sur l'instruction générale, des interrogations sur l'instruction générale ainsi que des interrogations et des épreuves pratiques sur l'instruction militaire, d'après le programme annexé à l'Inst Minist. du 23 novembre 1913. — Voir le Nota du n° 85).

---

87. DISTINCTIONS HONORIFIQUES
(Vol. 30, page 143.)

RÉCOMPENSES D'ACTES DE COURAGE ET DE DÉVOUEMENT (1)

1. Mémoire de proposition, feuille double formant chemise (2).
2. Procès-verbal d'enquête de la Gendarmerie ou du Commissaire de police.
3. Relevé des services.
4. Extrait du casier judiciaire (3).
5. Certificat médical, en cas de blessure *seulement*.

---

(1) On doit s'assurer au préalable que l'intéressé ne préfère pas une gratification pécuniaire. Circul. minist. du 6 décembre 1858

(2) Modèle donné par la circul. minist. du 11 juin 1844. Est nécessaire *même* lorsqu'il s'agit d'une lettre de félicitations ou d'une mention honorable : il convient en effet de remarquer que l'énumération des pièces à fournir à l'appui des propositions pour une Médaille d'Honneur était donnée par les Circulaires des 20-12-1834 et 3/1-1835 et que le décret du 16 novembre 1901 a simplement ajouté *la lettre de félicitations et la mention honorable* à la série des médailles d'honneur à décerner pour actes de courage et n'a pas eu pour effet de modifier la procédure fixée par la circul. minist, du 11 juin 1844.

(3) N'est pas exigé pour les Officiers et les Sous-Officiers, ni pour les militaires de la gendarmerie.

88. EAUX MINÉRALES

(Art 347 du Règlement sur le service de santé. Vol. 80.)

ANCIENS MILITAIRES

L'autorisation de faire usage des eaux minérales aux frais de l'Etat *(avec ou sans hospitalisation)* peut être accordée aux anciens militaires atteints de blessures ou infirmités survenues en service commandé.

Ces militaires sont convoqués devant la Commission spéciale de Réforme par les soins du Général commandant la subdivision.

DOSSIER. — 1. Demande de l'intéressé, adressée au Général commandant la subdivision, avant le 15 février, pour les premières saisons et avant le 15 avril, pour les dernières.

2. Certificat médical d'un médecin civil, visé par le Maire ou par le Commissaire de police.

3. Copie des états de services.

4. Renseignements de la Gendarmerie sur la position de l'intéressé.

5. Certificat de visite, modèle 17, contenant les précisions d'ordre médical exigées par la D. M. 2085-2/7 du 28 février 1910.

6. Extrait du P.-V. de la Commission de Réforme, indiquant formellement que les infirmités invoquées proviennent du service ou ont été contractées pendant le service.

7 .Etat récapitulatif en triple expédition par Hôpital thermal, conforme au modèle 73 (Vol. 81 p. 223) modifié par la D. M. 1104 2/7 du 29 janvier 1907 ; il est établi soit à l'Etat-Major du corps d'armée, soit par le Directeur du service de santé.

Les intéressés n'ont à produire que les pièces n°s 1, 2 et 3

89. MISE HORS CADRE DES OFFICIERS DES RÉSERVES.

(Art. 11 du décret du 31 août 1878. Vol. 72.)

RAISONS DE SANTÉ

Les officiers des réserves peuvent être mis hors cadre pour raisons de santé, soit sur leur demande, soit d'office sur la proposition du chef de corps ou de service et après visite et contre-visite de l'intéressé par deux médecins militaires désignés par le Général commandant la subdivision. Si les médecins concluent à la mise hors cadre, le dossier ci-après est transmis au Ministre.

1. Demande de l'officier ou Proposition du chef de corps.
2. Certificat de visite et de contre-visite.

NOTA. — L'officier serait proposé pour la radiation des cadres, dans la forme ci-dessus, si le certificat médical faisait ressortir que les infirmités sont incurables ou qu'elles rendent l'officier indisponible pour une période de 3 ans. (Art. 73 de l'Inst. Minist. du 2 février 1909).

90. OFFICIERS DES RÉSERVES QUI SOLLICITENT LEUR PASSAGE

1° DANS LE SERVICE D'ÉTAT-MAJOR

(Art. 1er de l'Inst. Minist. du 2 février 1909. — Dispositions spéciales au Service d'État-Major. Vol. 72.)

1. Demande de l'officier adressée à son Chef de Corps ou de service. Si l'officier n'est pas breveté, sa demande doit contenir l'engagement de rester pendant 5 ans au moins dans le service d'état-major).
2. Copie du feuillet du personnel.

NOTA. — Les pièces ci-dessus sont transmises par la voie hiérarchique au Général commandant le corps d'armée, qui apprécie si le candidat présente les aptitudes voulues. Dans l'affirmative il désigne l'Etat-Major où l'intéressé accomplira le stage d'épreuves et il fixe la durée de ce stage.

En fin de stage, le Chef d'Etat-Major, ou le Général de brigade, établit un rapport faisant connaître si le candidat possède les garanties morales et l'éducation indispensables à tout officier d'Etat-Major et à quel Etat-Major il convient de l'affecter. Ce rapport est transmis au Ministre avec l'avis du Général commandant le Corps d'armée.

2° DANS LE SERVICE DES ÉTAPES

La demande de l'intéressé suffit ; cette pièce est adressée au chef de corps de l'officier ; elle doit mentionner que ce dernier s'engage à rester dans le service pendant 5 ans. (Art. 7 de l'Inst. du 2 février 1909).

---

91. SOUS-OFFICIERS DES RÉSERVES CANDIDATS AU GRADE DE SOUS-LIEUTENANT DE RÉSERVE OU DE TERRITORIALE

(Vol. 72. Art. 9 à 11 de l'I. M. du 2 février 1909)

(Pour le 15 mai et le 15 novembre au Ministère.)

1. Demande de l'intéressé, indiquant la situation ou l'emploi occupé par le candidat dans la vie civile et portant l'avis motivé du Général commandant la subdivision de la résidence.

.2 Copie du certificat d'aptitude à l'emploi de chef de section ou de peloton, (sauf pour les adjudants).

3. Extrait de l'acte de naissance.

4. Extrait du casier judiciaire, bulletin n° 2.

5. Mémoire de proposition, modèle 2, en double expédition dont l'une est conservée provisoirement par le corps qui l'a établie. (Art. 10).

6. Liste d'aptitude, modèle 3, établie à l'État-Major du corps d'armée.

Les candidats n'ont à fournir au Général commandant la subdivision que les pièces 1, 2 et 3.

---

92. DÉMISSION DES OFFICIERS DE RÉSERVE ET DE TERRITORIALE

(I. M. 2 février 1909. Art. 79 et 106.)

1. Offre de démission du modèle ci-dessous.

2. Lettre du chef de corps ou de service faisant connaître les motifs pour lesquels l'officier demande à se retirer, et revêtue des avis des autorités hiérarchiques (à produire par le chef de corps actif ou par le chef de corps territorial suivant l'affectation de l'officier).

3. Récépissé de reversement au trésor de l'indemnité de première mise d'équipement, ou demande d'exonération, ou déclaration faisant connaître que l'intéressé n'a pas reçu cette première mise.

4. Relevé des services. (Cette pièce n'est pas exigée, mais il est d'usage de la produire, son utilité étant incontestable)

Nota. — Si l'officier produit une demande d'exonération, cette pièce doit mentionner les avis des autorités hiérarchiques et faire ressortir le nombre de périodes accomplies.

Les officiers des réserves nommés à ce grade par application des art. 24 et 25 de la loi du 21 mars 1905 ne peuvent donner leur démission qu'après avoir satisfait à l'engagement pris par eux d'accomplir 3 périodes supplémenaires dans la réserve, à moins qu'ils n'aient été autorisés à contracter un rengagement. (Voir à Rengagement).

Modèle. — « Je soussigné (le nom, le grade, le corps ou le service), offre ma démission du grade qui m'a

été conféré par le décret du (indiquer la date) dans le cadre des officiers (de réserve ou de l'armée territoriale).

» Je déclare, en conséquence, renoncer volontairement et d'une manière absolue aux prérogatives attachées à ce grade et me fixer à..., département d..., arrondissement d...,

» A..., le... 19... »

93. CHANGEMENT DE CORPS OU DE SERVICE DES OFFICIERS DE RÉSERVE OU DE TERRITORIALE

Les officiers des réserves qui désirent obtenir un changement de corps ou de service pour convenances personnelles, doivent adresser, à leur chef de corps ou de service, une demande motivée établie dans la forme réglementaire. (Art. 29 et 104 de l'Inst. Minist. du 2 février 1909. Vol. 72).

Cette pièce reçoit au passage les avis des autorités sous les ordres desquelles est placé l'intéressé, y compris celui du chef de corps territorial, s'il y a lieu.

La demande de l'officier qui aurait reçu une convocation n'est accueillie, en principe, qu'après accomplissement de la période en question.

94. PERMUTATIONS TEMPORAIRES

ENTRE LES OFFICIERS DES TROUPES MÉTROPOLITAINES

ET CEUX DES TROUPES COLONIALES

(Corps de troupes et services. — I. M. 24 sept. 1913.)

Les permutations temporaires ont pour effet de remplacer aux Colonies, sur la demande des intéressés, un officier des troupes coloniales par un officier des troupes métropolitaines, pour une durée correspondant au séjour colonial règlementaire.

CONDITIONS. — *(Troupes métropolitaines).* — Avoir l'aptitude physique et, pour les officiers supérieurs, avoir servi pendant 2 ans comme officier soit aux Colonies, en Chine au Maroc, ou dans les territoires du Sud d'Algérie ou de Tunisie.

(Troupes coloniales. — Avoir accompli, comme officier, dans les territoires désignés ci-dessus : 2 ans pour les lieutenants, 4 ans pour les capitaines, 6 ans pour les officiers supérieurs (1) et figurer sur la liste mensuelle du service colonial.

DOSSIER. — *(Troupes métropolitaines).*

1. Demande, modèle 23 (modifier l'en-tête) sur laquelle l'intéressé peut indiquer les colonies où il désire servir. La case destinée à l'inscription du relevé des notes n'a pas à être remplie.— Ces demandes doivent être transmises au Ministre par la voie hiérarchique au fur et à mesure de leur présentation ; elles sont valables jusqu'au 31 décembre de l'année en cours.

2. Certificat de visite et de contre-visite.

3. Relevé des services.

Pour les renouvellements, fournir seulement la demande et le certificat médical.

DOSSIER. — *(Troupes coloniales).*

1. Demande, modèle 23, comme ci-dessus, sur laquelle l'intéressé pourra mentionner 6 garnisons dans l'ordre de ses préférences (à remettre, dès la publication du tour de service colonial et à transmettre d'urgence au Ministre par la voie hiérarchique).

2. Relevé des séjours coloniaux accomplis par l'intéressé.

---

(1) Le Ministre se réserve d'apprécier, en cas de circonstances exceptionnelles, les dérogations à apporter à cette règle.

95. DÉPLACEMENT D'OFFICE

On entend par déplacement d'office, les déplacements par mesure de discipline. Mêmes dispositions que pour les propositions de mise en non activité par retrait ou suspension d'emploi. (Voir au n° 8).

---

96. INVALIDES

L'institution des *Invalides de l'armée* a pour objet d'assurer l'entretien des militaires et marins de tous grades retraités pour blessures ou infirmités et ne pouvant recevoir dans leur famille les soins qui leur sont nécessaires.

L'admission est prononcée par le Ministre de la Guerre. Les invalides perçoivent une solde et des primes journalières qui ont pour effet de suspendre le paiement de leur pension pendant toute la durée de leur séjour dans l'établissement

DOSSIER. — 1. Demande d'admission adressée au Général commandant la subdivision.

2. Copie des états de services.

3. Certificat d'imposition.

4. Extrait du casier judiciaire, Bulletin n° 3.

5. Copie du titre de pension.

6. Certificat du payeur constatant que la pension n'est frappée d'aucune retenue, ou indiquant le chiffre de cette retenue.

7. Enquête de la gendarmerie indiquant le degré de validité du candidat, ses ressources, sa conduite, et sa situation de famille.

(D. 21 sept. 1911 et D. M. 593 12/11 23 mars 1912).

97. MODÈLES D'ÉTAT

Les modèles d'état énumérés au cours de cet ouvrage se répartissent en deux catégories : les uns constituent la demande même de l'intéressé et doivent par conséquent, être produits par l'auteur de la demande ou de la proposition suivant les indications données pour chaque dossier. Les autres doivent être établis ou fournis par les chefs de corps, commandants de détachement ou trésoriers, *en dehors de l'intervention des intéressés ou des commandants d'unité* ; parmi ceux de cette catégorie, il convient de citer :

Les modèles 1, 2, 6, 7, 8, 9 10 et 11 *concernant les pensions ;* le modèle 2, à mettre à *l'appui des demandes de permission* ; les modèles 20, 21, 23, 24, 25, 29, 30, 34, 48, 51, 52, 53, 54, *concernant les propositions diverses du service courant ;* et enfin l'extrait du casier judiciaire, bulletin n° 2 qui doit être demandé aux parquets par les chefs de corps ou de services ou par les Généraux commandant les subdivisions.

Il m'a paru utile de fournir cette explication complémentaire afin que les commandants d'unité ne soient pas amenés à se demander où ils peuvent trouver les modèles d'état pour les dossiers qu'ils auraient à adresser à leurs chefs de corps.

98. ÉCOLE POLYTECHNIQUE

(I. M du 10 février 1914.)

a) CONDITIONS. — Etre Français ou naturalisé Français ;

Avoir 18 *ans accomplis et moins de* 21 *ans au* 1er *octobre de l'année du concours.*

Etre titulaire du certificat d'aptitude de la première partie des épreuves du baccalauréat ou avoir été admissible à Navale dans les 150 premiers.

b) DOSSIER A PRODUIRE A LA PRÉFECTURE POUR LE
1ᵉʳ AVRIL EN VUE DE L'INSCRIPTION POUR LE CONCOURS

1. Demande d'inscription indiquant les centres d'examen et de composition choisis.

2. Acte de naissance du candidat (sur papier timbré).

3. Acte de naissance de son père (sur papier timbré).

4. Pièce attestant la possession du diplôme exigé.

5. Certificat médical, légalisé par le maire, constatant que le candidat n'est pas impropre à tout service militaire ou que le médecin s'étant refusé à fournir un certificat d'aptitude physique, il n'a pas été établi de certificat médical.

6. Déclaration des parents ou du tuteur reconnaissant qu'il est en mesure de payer la pension ; à défaut de cette déclaration, demande de bourse ou de demi-bourse, avec trousseau ou demi-trousseau (sur papier timbré).

c) DOSSIER A PRODUIRE POUR L'OBTENTION D'UNE BOURSE.

1. Demande des parents ou du tuteur (sur papier timbré).

2. Engagement conforme au libellé ci-dessous (1).

3. Renseignements détaillés sur les moyens d'existence, le nombre d'enfants et les charges de famille (2).

4. Relevé du rôle des contributions.

5. Extrait de la délibération du Conseil municipal.

---

(1) Papier timbré — signature légalisée.

« Je soussigné..., étant en instance pour obtenir une place gratuite à 'Ecole polytechnique en faveur de mon..., m'engage à rembourser au Trésor le montant des frais de pension et de trousseau qui me seront accordés, dans le cas où il ne servirait pas au moins pendant dix ans dans celui des services publics, civils ou militaires, auquel il aura droit d'être admis d'après son numéro de classement sur la liste de sortie.

A défaut de payement du montant de ces frais de pension et de trousseau, je déclare me soumettre à ce que le recouvrement en soit poursuivi par voie de contrainte administrative décernée par M. le Ministre des Finances, suivant les droits qui lui sont conférés par les lois des 12 vendémiaire et 18 ventôse an VIII.

» A........., le........., 19... »

(2) Modèle donné par l'Instruct. minist. du 5 juillet 1850. (Volume 32 1.)

99. ECOLE SPÉCIALE MILITAIRE
(I. M. du 13 octobre 1913.)

CONDITIONS. — Etre français ou naturalisé français ,
Avoir 18 ans accomplis et moins de 22 ans au 1er
octobre de l'année du concours ;

Etre au moins bachelier de l'enseignement secondaire, 1re partie.

a) DOSSIER A PRODUIRE A LA PRÉFECTURE AVANT LE 15 AVRIL EN VUE DE L'INSCRIPTION POUR LE CONCOURS

(*Jeunes gens non incorporés*)

1. Demande d'inscription indiquant les centres d'examen et de compositions choisis.

2. Acte de naissance du candidat (sur papier timbré).

3. Acte de naissance de son père (sur papier timbré).

4. Certificat d'aptitude physique au service armé délivré par un commandant de Recrutement.

5. Déclaration des parents ou du tuteur indiquant l'établissement où le candidat fait ses études, ou mentionnant qu'il étudie chez lui.

6 .Note indiquant la ou les langues étrangères sur lesquelles le candidat désire faire le thème et la version (facultative).

7. Pièce attestant la possession du diplôme exigé.

8. Déclaration indiquant l'arme (infanterie ou cavalerie) dans laquelle le candidat désire accomplir l année de service exigée.

(*Militaires sous les drapeaux*)

Comme ci-dessus, moins les pièces 4 et 8 et, en plus, 1 relevé des services et 1 relevé des punitions.

En outre, la déclaration du candidat sous les drapeaux (pièce n° 1) est contresignée par le chef de corps.

b) DOSSIER A PRODUIRE A LA PRÉFECTURE AVANT LE 31 DÉCEMBRE POUR L'OBTENTION D'UNE BOURSE.

Voir à Ecole polytechnique § c. n° 98.

100. MILITAIRES MORDUS PAR DES ANIMAUX ENRAGÉS OU SUSPECTS DE RAGE.

(Notice 37 du Règlement sur le Service de Santé. Vol. 80)

Mesures à prendre par les chefs de corps ou de détachements.

1° Diriger le militaire sur l'un des hôpitaux ci-après :

Lille. — Pour le 1er Corps d'armée.

Val de Grâce à Paris. — Pour les 2e, 3e, 4e, 5e 6e, 7e Corps (partie au nord de Besançon et place de Besançon seulement) 8e Corps (Cher et Nièvre seulement) 9e, 10e, 11e, 20e Corps et Gouvernement militaire de Paris.

Desgenettes à Lyon. — Pour le 7e Corps (partie au Sud de Besançon seulement) 8e Corps (Côte-d'Or et Saône-et-Loire seulement), 13e, 14e Corps.

Marseille. — Pour le 15e Corps.

Montpellier. — Pour les 16e, 17e Corps (Ariège et Haute-Garonne seulement).

Bordeaux. — Pour les 12e, 17e Corps (moins Ariège et Haute-Garonne) 18e Corps.

Le Dey à Alger. — Pour les divisions d'Oran et d'Alger.

Le Belvédère à Tunis. — Pour les divisions de Constantine et de Tunisie.

2° Prévenir télégraphiquement le Directeur du Val de Grâce à Paris, ou le Directeur du service de santé intéressé de l'arrivée du malade à destination.

3° Adresser directement à ce même directeur un rapport indiquant dans quelles circonstances le militaire a été mordu.

4° Rendre compte, au Général commandant le corps d'armée des mesures prises (B. O. 12-9-1905).

10. FRAIS DE DÉPLACEMENT AUX MILITAIRES RAPPELÉS AVANT L'EXPIRATION DE LEUR PERMISSION.

Les militaires en permission ou en congé, rappelés à leur poste avant l'expiration de leur permission ou congé reçoivent les frais de déplacement. (Art. 8 du décret du 12 juin 1903. (Vol. 100-5) et application du principe posé au § Noté 10, page 182 de ce volume).

ERRATA

Page 10 ; dossier 6, *lire* :
    4. Déclaration d'option ou de résidence (1) (2).
    5. Etat des Services (1).

Page 32 ; dossier 28, 2ᵉ ligne, *lire* :
Changer de Corps ou d'Arme.

Page 45 ; dossier 37, 7ᵉ ligne, *lire* :
Les 2 plus anciens capitaines, commandants d'unité.

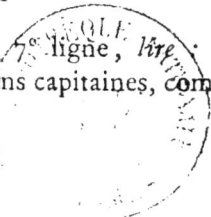

TABLE DES MATIÈRES

IMPRIMERIE, LITHOGRAPHIE P. FORVEILLE. — RODEZ.

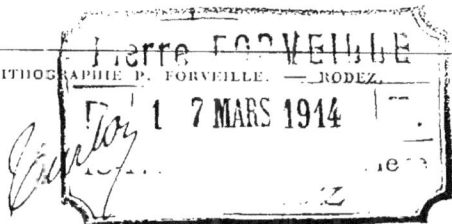

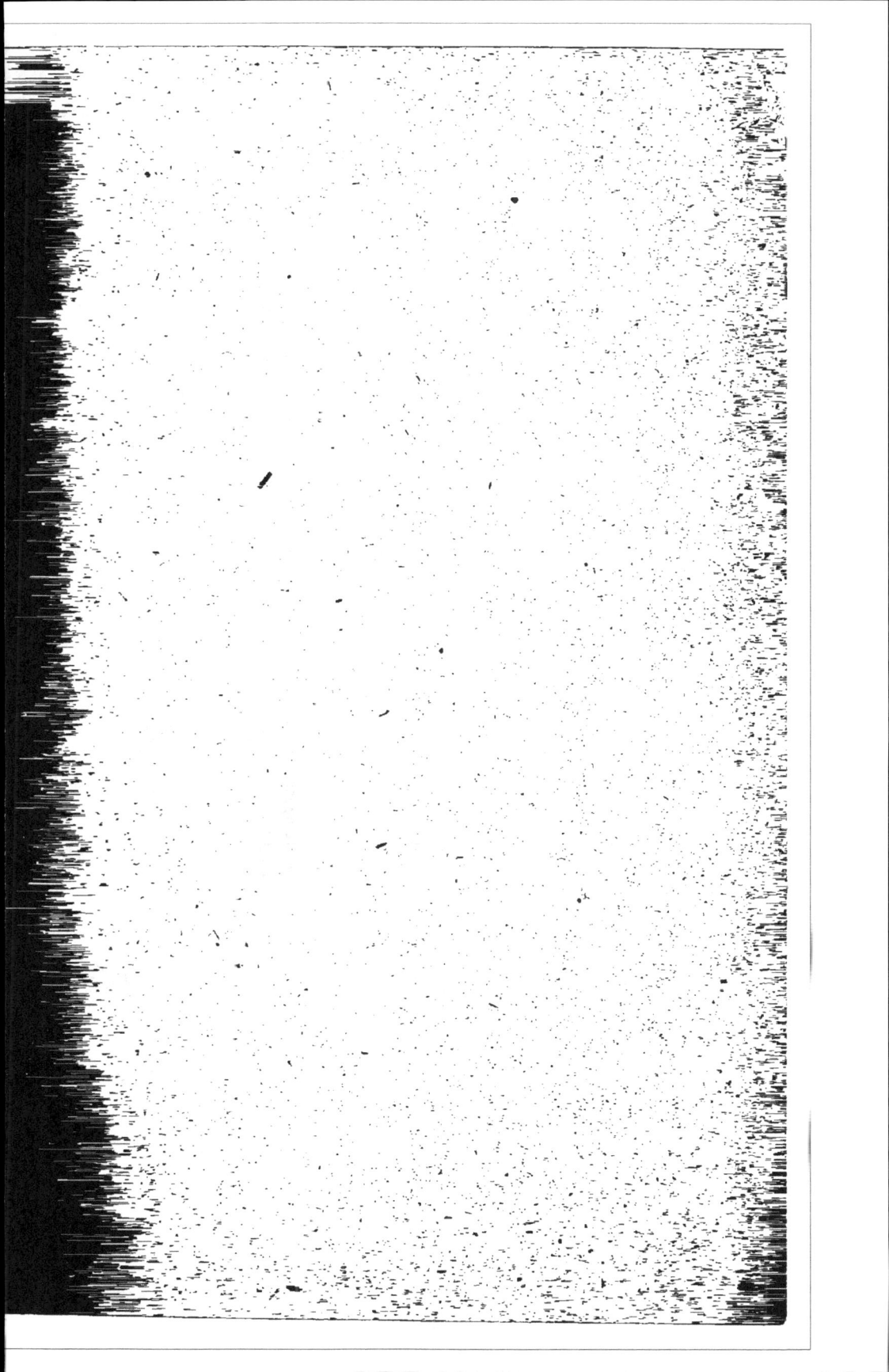

DROITS, DEVOIRS & OBLIGATIONS

DES

OFFICIERS DE COMPLÉMENT

PAR

PROSPER REY

CAPITAINE DE RECRUTEMENT

ET

ALBERT LAPENNE

OFFICIER D'ADMINISTRATION
DU SERVICE D'ÉTAT-MAJOR

1914

GUIDE PRATIQUE, édité spécialement pour permettre aux Camarades de la Réserve et de l'Armée Territoriale d'avoir sous la main tous les renseignements qui leur sont nécessaires dans leurs rapports avec l'autorité militaire.

Ils sauront ainsi quels sont les prérogatives qui leur sont attribuées par les règlements, leurs droits en matière de solde, d'indemnités aux réquisitions de transport et les divers avantages dont ils peuvent bénéficier, et également le méthode de calcul de la retraite.

www.ingramcontent.com/pod-product-compliance
Lightning Source LLC
Chambersburg PA
CBHW071219200326
41519CB00018B/5595